CW01656353

Sucka mitt hjärta men brist dock ej

MARK LEVENGOOD

Sucka mitt hjärta men brist dock ej

Illustrationer av Ilon Wikland

pirat
FÖRLAGET

Av Mark Levengood

Gamla tanter lägger inte ägg, 2001
(tillsammans med Unni Lindell)

Gud som haver barnen kär har du någon ull, 2003
(tillsammans med Unni Lindell)

Dikt av Eeva Kilpi på sidan 59 ur *Sånger om kärlek*,
tolkad av Kerstin Holm-Lindqvist.

Finska folkdikten ”Åldras också utan sånger” på sidorna 56–57
ur *Visor och ballader ur Kanteletar*, tolkad av Marita Lindquist,
Ole Torvalds och Thomas Warburton.

ISBN 13: 978-91-642-0210-9
ISBN 10: 91-642-0210-0

Utgiven av Piratförlaget
Illustrationer Ilon Wikland
Omslagsillustration Ilon Wikland
Omslagsform Mattias Boström
Tryckt hos WS Bookwell, Finland 2006

Till Jonas, Amos och Olga

När min morfar dog, 89 år gammal, tyckte min moster att vi skulle skriva såhär i dödsannonsen: Varför?

"Nej", sade mamma, "jag tycker vi skriver såhär: Varför inte?"

Och hon har väl rätt, någon gång skall man ju dö. Någon gång skall man dö och någon gång skall man leva.

Jag vet att många inte håller med mig, men jag tror på ett liv före döden.

I min dödsannons skall det stå: Tack och hej.

Eller som man säger till värdinnan när man lämnar en fest i Finland: Tack och förlåt.

Trots att min familj tillbringade varje sommar i Ålands skärgård lärde vi oss aldrig något om havet.

Det enda vi visste var att man kunde få kramp om man badade inom en timme efter att man hade ätit. Det avhöll oss ingalunda från att simma, tvärtom var det en extra kittling att plaska runt medan mormor stod på bryggan och hojtade dystert ”… och när krampen övergår i en förlamning, och ni sjunker med magen fylld av kåldolmar, då tänker ni att kanske borde man ändå ha lyssnat på mormor…” Med tanke på att mormor aldrig doppat en tå i havet var hennes kunskap om simkramper förbluffande detaljerad.

Min starkaste bild av de där somrarna är när vi är ute i lilla motorbåten och mamma sitter längst fram och röker cigaretter. Hennes uppgift är att hålla utkik efter grund, och alltid när vi åker på ett tar hon ett djupt halsbloss och ropar: ”Jaha, här är ett grund!”

Och när vi kommer fram hojtar hon: ”Jag kastar ankar!” Och

så gör hon det. Och hela familjen står där och stirrar snopet på ännu ett ankare som sjunker till havets botten utan att på något sätt vara bundet till båten. Vi hade en standardbeställning i butiken i Mariehamn på somrarna: Två liter mjölk och ett ankare.

Min pappa trodde att bästa sättet att lära barn att simma var att kasta i dem från bryggan.

Vi sjönk som stenar. Största delen av vår barndom gick jag och mina syskon runt på havets botten på jakt efter stranden.

Det var så jag hamnade i Sverige.

Ibland känns det som om hela livet är en vandring på havets botten, som om man rörde sig under vattnet. För allt går trögt, och så är det svårt att se klart framför sig, allting är så grumligt. Hur man än kikar så ser man aldrig längre fram än till nästa måndag ungefär.

Och det är svårt att se någon helhet, den som går på havets botten ser aldrig det vackra havet utan bara en massa vatten. Och man träffar så många konstiga torskar och knöliga gäddor, och när de riktigt fula fiskarna kommer simmande, då är man i regel släkt med dem.

Hela tiden måste man kämpa för att inte sjunka djupare ner för då hamnar man i bottenslammet och där vill ju ingen vara.

Livet är så förvirrande. Jag kan verkligen längta efter sammanhang.

Långt ovanför mig ser jag vattenytan, och jag vet att om jag lyckas ta mig upp dit och sticka huvudet över ytan, då kommer jag att få ett sammanhang. Då kommer jag att se havet, och jag kommer att se stranden och veta vilken riktning jag skall gå i.

Fast jag kommer aldrig upp till ytan, för den som aldrig lärt sig simma är dömd att gå på havets botten.

Men jag tror på Gud, och jag vet att jag en dag kommer att hitta stranden. Där väntar han på mig med en stor handduk, och han gnuggar mig torr och varm och han säger: ”Nå, det var väl inte så farligt?”

Och jag skall svara: ”Jo, nog var det ganska farligt. Men det var också väldigt roligt.”

Dimman är nästan total. Svagt kan jag skymta flygplatsen på vänster sida när jag tittar ut från mitt lilla hotellfönster. Det blir nog inte idag heller, inga plan kan lyfta. Detta är tredje dygnet på flygplatshotellet i Torshavn, detta lilla fula hotell som drivs av en kvinna som heter Sigrunn och hennes man som är skvatt galen. Jag vet inte vad han heter men han gömmer sig bakom krukväxter eller dörrar, och när man kommer gående så hoppar han fram och skriker och hytter i vädret med armarna. Sigrunn kommer i regel farande och motar bort honom med ett urskuldande leende och säger att ”han är lite ansträngd just nu”. Så kan man väl uttrycka det.

Knäpp som en tvärflöjt kan man också säga.

Det värsta är att den här mannen även är kock på hotellet, så varje dag äter jag två måltider som är tillagade av en man som attackerar mig gömd bakom krukväxter.

Jag reser inte ensam, i sällskap har jag en svensk konsult i positivt tänkande, men hon bröt ihop redan efter första dygnet i dimman på detta hotell från helvetet. Nu ligger hon bara på sitt rum och gråter, jag hör henne hulka ända till mitt rum. Det går inte att trösta henne, hon bara viftar med armen att jag ska gå bort och sedan fortsätter hon gråta. Jag lovar mig själv i all tysthet att aldrig anmäla mig till hennes kurs i positivt tänkande.

För att ha någonting att göra traskar jag över till den lilla flygplatsen. Nej, bekräftar hon som troligen är hela flygplatspersonalen i Torshavn, planet står kvar i Köpenhamn och kommer inte att lyfta idag heller. En trappa upp ligger den lilla utsiktsplattformen där man har en strålande utsikt över inget överhuvudtaget. Jag går upp dit. Vågor av dimma, hotellets gavel, den tomma landningsbanan, svag skymt av grönt gräs i dalgången som leder in i Torshavn. Märkvärdigt vackert ställe, Färöarna. Rätt mystiskt, ungefär som en Tolkien-bok, men till skillnad från Tolkien är det inte urtrist utan ganska spännande på Färöarna.

Skulle den där positivt tänkande konsulten inte vara så deprimerad skulle jag locka upp henne hit. Jag drar in den fuktiga dimman i lungorna. Uppriktigt sagt tycker jag att det är konstigt med positivt tänkande. Att i varje läge försöka vända verkligheten till något positivt känns som en flykt. Det finns något vackert i att våga se saker som de är, och ändå tycka att det är ganska fint. Livet är inte perfekt, lika lite som vi människor är det. Brister och tillkortakommanden, återvändsgränder och magplask. Men, när dimman för ett ögonblick lättar, en skymt av en grön dal, eller ljudet av kvinnan som skrattar när hon talar i telefon med Kastrup i Köpenhamn.

Nu stryker kocken längs hotellets fasad med en karott i handen. Kanske samlar han giftsvampar till middagen? Från någonstans ropar Sigrunn på sin man, och man hör på hennes sorgsna ton hur mycket hon älskar honom. Jag ler mot kocken, han ler inte tillbaka.

Det blir inte bättre än såhär.

Men det är okej.

Ibland ser vi oss runt bland våra medmänniskor och tänker att det finns ändå särdeles många idioter på den här jorden. Ja, tänker man, nog är det bra konstigt. Och vissa dagar undrar man varför just man själv får något mer än sin beskärda del av antalet idioter, det kan vara när man till exempel går till sitt arbete och träffar sina arbetskollegor.

Och man vänder sig till Gud och ber honom leda just denna rätt obegåvade del av hans stora fårahjord till betesmarker som ligger lite längre bort från ens arbetsbord, så man får något gjort.

Fast allra tydligast är det när jag sitter i bilkö. Då är, märkligt nog, ALLA andra idioter. De sitter där i sina bilar, av skrytsamt nya årgångar, och blockerar vägen för mig utan att tänka på att just jag faktiskt har rätt bråttom till arbetet för att hinna avverka så många arbetskamrat-idioter som möjligt under dagen. Värst är de som skall svänga till vänster, då stannar hela kön upp och på ens högra sida fortsätter en massa andra idioter glatt köra. Då svär jag högt över alla vänster-idioter, och passar också på att banna alla höger-idioter när jag ändå är i farten. Om trafiken mot alla odds skulle löpa, vad händer då? Jo, man ser bara en massa ”vi åker i trafik som löper mot alla odds”-idioter runt omkring sig. Varje sann förare vet att alla som åker långsammare än en själv är en fegis och en idiot, och alla som åker snabbare är en fartdåre och en idiot.

Sedan kanske, när det är lunch och man sitter och äter dagens rätt som köksidioterna tillagat, och försöker att slappna av lite, vad händer då?

”Är det ledigt här?” frågar någon, och där står chefen, och han är en idiot, något mera välklädd än de övriga, men en riktig idiot, och nu tänker han tydligen förstöra ens lunch med sitt sällskap, trots att det är obetald arbetstid. Då får man verkligen tänja sin kristna kärlek till max, och minnas att mormor alltid framhöll att Gud speciellt gillar folk som är dumma i huvudet och/eller fula. ”Dem har Han skapat så vi andra kan känna oss lite bättre”, sade hon med en from min, även om jag har svårt att tänka mig att kyrkan skulle komma till hennes undsättning med stödjande argument.

Kanske är det inte sant att Gud har skapat alla idioter. Vissa av dem är visserligen sanna och ursprungliga grundidioter, och det är dem vi syftar på när vi säger: ”Saliga äro de korkade ty de skola flyta när floden kommer.” Men efter lunch, när dagen stabiliserat sig något, går det tydligare att se: De flesta idioter föds i mötet med oss! Vår brådska, vår kompromisslöshet, vår absoluta övertygelse om att vi i alla lägen har rätt, föder många idioter runt omkring oss. Vi klär av dem deras begåvning, deras rätt till andra erfarenheter än våra, deras egen åsikt och slutligen deras människovärde – och se, där står en alldeles ny idiot.

Nu tänker alla: Men vad är det som Finlands-idioten svamlar om nu då? Låt mig bara säga en sak, sedan ska jag sätta mig i bastun och knivhuggas lite vänligt med mina landsmän-idioter:

När antalet idioter omkring mig blir överväldigande, då hjälper bara för mig att växla ner till ettans växel. Kanske märker jag att någon har en ny skjorta som han är stolt över? Eller någon kanske visar ett stråk av smärta bakom sitt snabba god morgon-leende? Törhända märker jag att det finns de som till och med oroar sig för mig och undrar hur jag har det?

Tar jag mig tid att möta några på min väg så kommer antalet idioter att minska radikalt.

Och framför allt kommer världen omkring mig att få möta en idiot mindre.

Min vän gick in i en boutique på Östermalm. Allt var så vackert och dyrt så hon kved, och till slut bad hon att få titta på något riktigt billigt. ”Tja”, svarade expediten, ”du kan ju se dig i spegeln.”

Det dunkade till i min bröstkorg när hjärtat öppnades upp på vid gavel för expediten, där jag för alltid skall bära med mig henne. I mitt hjärta samlar jag på folk som är totalt olämpliga för sitt yrke. Det räcker inte med att de är obegåvade, sådana saknas ju inte. Nej, skall de in i hjärtat så måste de vara obegåvade på ett sätt som aktivt bidrar till att göra jorden till ett konstigt ställe att bo på.

Som den blinda pianostämmaren vi anlitade varje gång vi skulle stämma om flygeln. Han var väldigt trevlig och väldigt blind, och när han väl var färdig så lät det fruktansvärt om flygeln. Han var en djupt obegåvad blind pianostämmare med absolut o-gehör. Då ringde vi alltid pianostämmare nummer två, han muttrade och var ilsken och frågade mor varför i all världen vi anlitade denna flygelmarödor till stämmare från gång till annan. Men den enkla sanningen var ju att mannen var blind, och det var tillräckligt illa utan att vi spädde på hans elände med att meddela honom att han dessutom var usel. Sedan dess bor han också i mitt hjärta.

Om han går runt bland hjärtekamrarna med sin vita käpp stöter han inte bara på den snorkiga expediten, utan även på en större danstrupp från Samarkand, staden med de himmelsblå kupolerna och världens värsta dansföreställning.

I en mycket liten grupp finländare besökte jag Samarkand någon gång i början av 80-talet. Vi var någon form av hedersgäster eftersom alla som kom dit alltid var hedersgäster, för det var ingen som någonsin kom dit.

Vid Centraltorget låg Jubileumsdansteatern, som var byggd till åminnelse av något stort slag eller någon stor revolution eller något annat märkvärdigt vars minne aldrig skulle få falla i glömska och som ingen kommer ihåg numera.

Salongen tog 800 personer, vi var åtta finländare i en liten klunga i mitten av denna heltomma ödslighet. Borgmästaren höll ett litet välkomsttal som ingen förstod och ingen brydde sig om att översätta, och sedan drogs ridån upp för ett sagospektakel som för evigt blommar i mitt inre.

Jag vet inte var de hittat dansarna, men det måste ha varit personalen vid någon nedlagd konservfabrik som omdirigerats in på teatern. Baletten skuttade lojt omkring och pratade oavbrutet med varandra. En av dansarna tappade en sko tidigt i första akten, och den skon låg sedan kvar resten av föreställningen som ett minnesmärke över den plats där all ambition dog.

Vad handlingen gick ut på var inte lätt att veta, men i hotellbaren efteråt, där vi skakade försökte återhämta oss, räknade vi ut att det måste ha varit en historia om en abnormt fet kvinna som förälskat sig i en mycket liten man i 60-årsåldern. Hennes far, som inte bara är yngre än mannen i fråga utan dessutom betydligt yngre än sin dotter, motsätter sig giftermålet, vilket alla vi åtta i publiken beklagar. De skulle säkert bli lyckligare än de är nu, så tvärsura som de ser ut genom hela spektaklet. Fadern markerar sitt missnöje genom att stampa med foten i otakt i golvet samt tappa sitt skägg två gånger.

Kvinnan finner då en lösning genom att trampa alla i sin närhet på fötterna när hon dansar, så att de mot slutet av föreställningen är så ömma och trötta och ledsna på hela sagospektaklet att de släpper iväg henne till vilket pris som helst, bara de får gå hem. Då mannen och kvinnan fått varandra gör hon en serie glädjeskutt som får publiken att inte vilja träffa henne i en mörk gränd, och så försöker hon tydligen döda sin nya man genom att två gånger ställa sig i en position som uppmanar honom att lyfta henne på ett balett-graciöst sätt. Eftersom han inte kan upphäva naturlagar slutar första försöket med att hon faktiskt faller på honom med en kraft som får en att ana att det är Markis de Sade som skrivit sagan ifråga, och andra gången ställer han sig på behörigt avstånd och bråkar högljutt med någon i kulissen medan han upprört pekar över hennes generösa rondörer. Han stormar ut och hon försöker på något sätt lyfta sig själv medan ridån barmhärtigt sänks framför en utmattad publik.

Det fantastiska med föreställningen var inte att den var så fruktansvärt dålig.

Nej, det magiska var att ingen brydde sig, och att ingen av de medverkande tyckte att det var komiskt. De var helt enkelt totalt likgiltiga, utom den stackars mannen som uppenbarligen hade ont i ena höften under publikens förströdda applåder.

För dem var det bara ännu en obegriplig dag i en obegriplig värld som styrdes från den obegripliga, fjärran staden Moskva. Livet är ett hån och så måste det väl vara. Inte visste de var Finland låg, och varken de eller vi visste varför vi var hedersgäster, och ingen kom ihåg vilken revolution teatern byggdes som ett minne över, men om man dansar fortare än musiken så hinner man kanske få tag på ett kålhuvud på torget till kvällsmaten.

Varför älskar jag de riktigt usla?

Jag tror svaret är enkelt.

De speglar mig.

För jag vet ju att om jag gör som expediten säger och ser mig i spegeln så ser jag troligen något riktigt billigt.

Jag inser att om ödet velat annorlunda skulle jag dansa runt med endast en sko och småprata med Vladimir från Bukhara inför en märkbart plågad publik.

Jag vet att också jag famlar i blindo och försöker slå an rätta strängar och hoppas att det kanske ändå blir rätt på slutet, trots allt.

I en värld där det är långt till Moskva och förklaringarna, kan vi inte älska våra svagheter.

Men vi kan älska varandras.

Den gamla damen plirar glatt mot mig. ”Oh, så trevligt att få träffa dig, men vad synd att det är just idag när jag är så platt i håret.”

Ska jag vara uppriktig så ser jag inte ens något hår som damen kan vara speciellt platt i, för hon är väldigt gammal. Hon tar min hand och drar ner mig på stolen mitt emot sig. ”Du tycker nog att jag är ett rynkigt gammalt spöke, va?” säger hon skälmskt.

”Nej, då… eh … ett spöke är ni nog inte”, säger jag i ett klumpigt försök till diplomati.

Hon skrattar högt.

”95 år! Fast min väninna sade häromdagen att jag inte ser en dag äldre ut än 89!” Hon skrattar pärlande och är väldigt söt. ”Det hemska i min ålder är att männen är så väldigt tråkiga.”

”Jag blir rätt imponerad av er”, säger jag. ”Ni är så ung för att vara så gammal.”

”Snälla reportern”, säger hon, ”säg du istället.”

Är man från Finland tar det verkligen emot att dua någon som är 95, det är ungefär som att kalla Jesus för ”Krille på Korset”, men jag gör mitt bästa.

”Jag blir rätt imponerad av dig”, säger jag, ”jag hoppas jag är lika pigg när jag blir gammal.”

Hon ser nästan oförstående ut. ”Gammal? Pigg? Det värsta med att fylla 90 är att alla tjatar om att man ser pigg ut. Det är som att få komplimanger bara för att man fortfarande andas. De försöker *göra* oss gamla. Till all lycka kommer de där välsignade 40-talisterna nu, de kommer att göra rent hus med åldrandets fördomar.”

”Och en sak till”, säger hon. ”Jag blir inte gammal. Jag blir bara yngre. Och jag menar inte någon andra barndom, jag menar att man genom hela livet blir yngre och yngre och lättare och lättare.”

Hon sippar på sitt kaffe, gör en grimas och lutar sig framåt.

”De är så rara här, men kaffe vet de ingenting om. Ser du, såhär är det:

Det svåra är inte att vara 95, det svåra är att vara ung. Utan erfarenhet måste vi göra våra viktiga val, vad vi vill jobba med, vem vi vill leva med, vad vi tror på. Det är svåra år, man har så lite perspektiv.”

Hennes hand rör långsamt runt teskeden i det svagt brunaktiga kaffet. Ögonen glittrar till.

”När första världskriget äntligen tog slut, tror du jag var glad då? Nej, för då var jag olycklig för att min näsa var för stor, inte alls en sådan där söt knappnäsa som var så populär på 20-talet. Men har man väl fyllt 90, hur ofta tror du då man oroar sig för att man har stor näsa? Man är glad att man har en näsa överhuvudtaget."

Hon lutar huvudet bakåt och hänger ett pärlband av skratt över mitt huvud.

"Det är därför jag menar att man blir yngre. Man släpper taget om en massa strunt, man tar sina motgångar med större jämnmod, man förstår att njuta av de stunder som bjuder njutning."

Hennes tunna hand tar tag i min, hennes hand är torr och varm, min ser ut som en spade i jämförelse.

"Vi måste bli lättare och lättare, förstår du, för en dag, när vi inte längre lever, då ska vi kunna flyga. Då blir vi, som Hildegard från Bingen uttryckte det, 'en fjäder på Guds andedräkt'."

Hon kastar en orolig blick åt sidan. "Nu måste vi gå. Nu kommer den där dragspelaren. Hinner man inte ut i tid så måste man lyssna på en massa Taube-låtar. Det är inget ont i den dragspelaren, men *helt* nykter är han inte."

Hon reser sig skrattande, greppar tag i rullatorn och tar sig med snabba, korta steg mot utgången. Och jag kan inte svära på det, men det ser nästan ut som om hon svävar. Med sitt platta, obefintliga hår, sina blåa ögon och skrattet som hon lämnar efter sig som små bjällror i luften.

En morgon drabbade sorgen vår familj hårt.

Vårt hembiträde var alldeles dött. Inte hjälpte det att skaka henne, inte hjälpte det att hoppa och studsa på hennes bröst – inte en gnutta liv fanns kvar i vår gamla Lemmikki.

Det är länge sedan och jag var bara ett barn. I vuxen ålder skulle det inte falla mig in att hoppa och studsa på bröstet till ett potentiellt lik, men min bror och jag hade aldrig i våra späda liv stött på någon död tidigare så vi var inte riktigt säkra på vad etiketten påbjöd. Vi väckte vår mor, hon väckte i sin tur inte bara resten av huset utan troligen även resten av kvarteret med sitt vilda skrikande. Mamma grät, mormor grät och morfar sade att han var hungrig. ”Men kära du”, stönade mormor, ”hembiträdet är ju dött!” ”Ja, men henne kan vi inte äta”, sa morfar och ringde ambulansen.

Och när de hämtat de jordiska resterna av vårt hembiträde, och mor hade rökt ett paket cigaretter före frukost, då blev det rätt tomt i våra liv, för att inte säga rätt rökigt.

Vem skulle nu skälla på mamma för att hon rökte för mycket? Vem skulle nu spela Domino med mormor, det var ju bara Lemmikki som stod ut med det eviga småfuskandet. Och vem skulle nu alltid finnas där för oss, med bannor och muttranden och smekningar och tröst och framför allt sagor.

Lemmikki hade med åren uppnått en viss klädsam korpulens, hon bar den med stolthet. På sex trappor bodde biografvaktmästare Virtanen, han var i och för sig Jehovas Vittne men förstod ändå att uppskatta en kvinna med rejäla former, och hans halvt tandlösa leende kunde värma ett hembiträdes hjärta under kalla nätter, Jehovas vittne eller inte.

Dock hindrade korpulensen henne från att rulla ner strumporna om kvällen. Lemmikkis strumpor var bruna, rejäla och korviga, mycket olika den sortens strumpor man kunde se på hembiträden i franska filmer som ”Emmanuelle, hembiträdet”.

Lemmikki var överhuvudtaget väldigt olik den där Emmanuelle, men hon kunde sagor och historier som ingen annan, och om vi hjälpte henne av med strumporna på kvällen fick vi stundtals sätta oss i sängen på var sin sida om henne och lyssna, med hennes trinda armar runt våra axlar.

”Barn”, började hon, ”ni vet hur Uspenskijkatedralen har en lökformad kupol? Långt borta finns en stad som heter Bagdad, där solen glimmar i tusentals kupoler och halvmånar så en kristen människa bländas, men de vilda turkarna bara skrattar.”

(Lemmikkis kunskap i geografi var inte den bästa!)

”En dag satt Sultanen på sin tron i palatset i Bagdad, det palatset där all sorg var bannlyst. Kring palatset sträckte sig trädgårdarna, där kunde man se solstrålarna glittra i fontänerna på dagen och månen spegla sig mot dammens lugna yta på natten.

Då kommer hans favoritslav springande och kastar sig framför hans fötter. ’Oh Herre’, säger ynglingen, ’jag måste få ert tillstånd att utan dröjsmål lämna Bagdad och fly till Damaskus i stället.’

Sultanen frågade vad som orsakat pojkens upprördhet.

’Då jag nyss vandrade genom palatsets trädgård’, sade slaven, ’mötte jag Sorgen! Hon sträckte sin knotiga hand mot mig, och jag vände mig om och sprang. Oh sultan, låt mig nu genast lämna Bagdad och fly till Damaskus för att undkomma Sorgen.’

Sultanen gav sitt tillstånd och sade: ’Om du tar min vita häst, så är du i Damaskus redan i kväll!’

Pojken red iväg, och sultanen gick, mycket förgrymmad, ner i trädgården, och där stod alltjämt den krumma Sorgen kvar.

Och sultanen frågar: ’Hur vågar du hota min favoritslav?’

’Jag försäkrar ers höghet’, svarar Sorgen häpen, ’jag hotade honom inte. Jag lyfte endast upp min hand i förvåning. Jag hade inte väntat att träffa honom i Bagdad, då jag stämt möte med honom i kväll i Damaskus.’”

Vi barn rös av fasa och kilade in oss i Lemmikkis väl tilltagna barm. ”Fanns det då ingenstans han kunde fly undan den där Sorgen?” frågade jag.

Och hon svarade:

”Nej, det går inte att fly sorg. Försöker man att låtsas som om den inte existerar så blir den i stället en evig följeslagare i ens liv. Det finns bara en väg genom sorgen, och den går rakt igenom. Mot sorg hjälper bara – sorg.”

Mina föräldrar tycker om att gifta sig. Om man tror på kärlek, säger min mamma, så kan man aldrig gifta sig ofta nog. Följden blir att man har minst dubbla uppsättningar av släktingar. Min farmor i Finland var sur och gul, eftersom hon bodde bredvid ett pappersbruk. Min farmor som bodde i Pennsylvania var glad och rosig, eftersom hon var gift med en skojig rörmokare med sinne för det erotiska. Min Amerika-farmor valde alltid att se det goda hos människor. Hon litade på oss. ”Visst”, sade hon till mig när jag var 14, ”om du vill åka in till New York och titta på kyrkobyggnader så gör det.”

Och jag åkte och såg inte en kyrka men hängde med de svarta ungarna i Washington Square. De rökte brass, vilket jag inte gjorde, och åkte skateboard, vilket jag inte heller borde ha gjort, eftersom det var så svårt att förklara för farmor hur man kunde slå sig så handlöst när man snubblar på altartrappan.

Tur, tänkte jag, att man har en så god farmor.

För att inte säga godtrogen.

Åren har gått. Jag åker inte längre skateboard. Jag har ingen farmor heller längre, vilket jag saknar mer än skateboarden.

Men jag är tillbaka i New York, och inte ser jag några kyrkor nu heller, men jag går omkring i Soho och kommer ihåg en massa saker. Precis intill Washington Square ligger universitetet och där pågår en demonstration. De vill legalisera marijuana, de bär sådana där kläder som vi hade på 70-talet och i händerna har de plakat med fredstecken. Antagligen tycker de att man blir fredligare om man är lite hög, och det kan nog vara sant. Man blir ju så saggig i skallen att man inte orkar kriga.

På podiet står en man i min ålder. Han försöker argumentera för marijuanans alla fördelar, men han är så sönderrökt att han omöjligt kan hålla ihop ett resonemang. Han stakar sig, han börjar igen, han upprepar samma skämt tre gånger. Från vilda applåder övergår stämningen till pinsam tystnad och spridda burop. Hela han är som en vandrande varning för marijuanans faror. Poliserna som står omkring ler. Med sådana fiender behöver man ju verkligen inga vänner.

Jag tittar på den där mannen och tycker synd om honom. Och jag förstår att det kunde vara jag, om livet velat annorlunda. Konsekvens, tänker jag, alla val vi gör får konsekvenser. Man ser det inte först, ibland sträcker sig konsekvenserna över årtionden, men konsekvensen väntar på varje val vi gör.

Det gäller inte bara uppenbara saker som narkotika eller sprit, det gäller också moral. Våra val formar vår själ.

Genom att till exempel konsekvent välja till vår fördel kröker vi vår själ inåt och blir rätt små och krumbuktiga med tiden. Jag växte upp i tron att alla äldre människor var kloka av erfarenhet, men sucka mitt hjärta så jag bedrog mig. Det finns så många gamla som genom köksfönstret ängsligt bevakar att ingen genar över deras tomt medan de diskar ur ännu en tom mjölkförpackning till sin enorma samling av ”sådant som kan vara bra att ha”.

Konsekvens. Småaktiga val skapar småaktiga själar.

Oj, nu händer något. En skäggig man i palestinasjal försöker kasta ett fredsplakat på polisen, men han missar och drämmer till en kille med gitarr som får näsblod. Om inte annat lyckas skägget få slut på den där släpiga versionen av ”We shall overcome”, alltid något. Denna demonstration är ett haveri, jag grips nästan av sympati. Bäst jag fortsätter min vandring innan jag med min scoutinstinkt visar dem hur man drämmer till poliser med plakat.

Medan jag sakta flanerar upp mot 10:e gatan tänker jag på att jag faktiskt träffat på väldigt många exempel på att det går att ta sig genom livet med förståndet i behåll. Senast idag läste jag om den där pensionären som blev utkastad från ålderdomshemmet i Berlin för att det var för många fruntimmer som sprang på hans rum. På intervjuarens nyfikna frågor slog han bara ut armarna och skrattade: ”Ja, men vad ska jag göra… jag har ju så mycket att ge!” Troligen är han inte det värdigaste exemplet man kan komma på, men hellre blir jag som han med hjärtat på vid gavel än jag sitter och kvider på en hög av tomma mjölkförpackningar som någon slags mejeri-Job.

Generösa val gör oss stora, kanske märker man det inte genast, men genom åren blir det uppenbart. Jag tror verkligen att genom att ge och ge och ge kommer vi att få ta emot mer än vi kunde drömma om.

Konsekvens.

Och till skillnad från den där sönderrökta brass-bimbon där på scenen, som aldrig kommer att få riktig ordning på sina hjärnceller igen, så är det aldrig för sent att få ordning på sin själ.

Men jag skulle vilja säga till min son, om han mot all förmodan läser det här: Det finns vissa nackdelar med att ha en pappa som varit med ett tag. Kom gärna till mig och säg att du vill åka in till stan och titta på kyrkor. Jag kommer vara generös och låta dig åka. Men… jag kommer med. Det ska bli så roligt. Jag är ju så intresserad av kyrkor, och har inte sett en enda.

Vi har skaffat ett litet sommarställe i skärgården, och en liten båt.

Och när vi åker till båtbryggan för att tanka vår lilla motor, då står en massa skärgårdsbor där för att se hur vi förtöjer, och så fäller de olika mustiga kommenterar. Skärgården är verkligen fylld av original. Alltid lika skönt att få komma tillbaka till stan igen.

Fast det är så vackert på vårt sommarställe.

Buskar och vatten och rosor och rådjur som skuttar fram. Tittar man noga efter så ser man någon som skuttar efter och skriker. Det är min man. Han hatar rådjuren. För de äter upp alla våra rosor.

Vi har köpt en massa dyra rosor med vackra namn. De heter Polstjärnan och Morning Dew och Glory Silvia.

Och alla ser de likadana ut. En brun pinne med taggar. Inte ett blad, inte en blomma.

Vi har slutat ta bort de där små etiketterna med rosornas namn som kommer med när man köper dem. Då kan vi gå runt i trädgården och läsa vad det borde vara för blommor på dem.

Vi frågar inte längre hur Runar kunde skjuta rådjuren från sitt sovrumsfönster.

Vi frågar vilken kaliber det var på patronerna.

När vi firade vår 10-årsdag fick vi ett litet äppelträd av våra vänner, det var väl en vacker gest?

Det heter Cox Pomona.

Det står bredvid de bruna pinnarna som är våra rosor. Äppelträdet, det är nu en brun käpp, och fäst vid käppen är fortfarande den vackra versen om kärlek som blommar. Det är bra att kärleken blommar, för Cox Pomona gör det inte. På TV går en drama-

serie som hette ”Längtans Blå Blomma”. Om de någon gång gör en serie om vårt liv så får den heta ”Kärlekens bruna käpp”!

Jag köpte ett medel som skall hålla rådjuren borta, det heter Blodmjöl och meningen är att rådjuren skall avsky lukten och istället gå till grannens trädgård och äta upp hans blommor.

Blodmjöl fungerar ungefär som Aromat. Rådjuren står på kö i buskarna i otålig väntan på att vi skall gå, så att de kan slicka i sig Blodmjöl som förrätt innan de äter upp resten av trädgården.

Jonas säger att de här inte är några vanliga rådjur, utan vampyrrådjur från helvetet. Jag vet inte om det är sant.

Han säger att när han är ensam på landet, då rafsar rådjuren på rutan med sina klor och står där och visar tänderna på ett hotfullt sätt, och så försöker de lura ut honom genom att säga att de skall visa något roligt. Tur att han är smart, så han inte går på det.

Som tack lämnar rådjuren efter sig fästingar, små små blodlöss. De biter sig fast och suger en torr.

Röda Korsets Blodbuss har slutat komma till Vindö, för där finns inget mera blod att hämta.

För några år sedan, när det stod så mycket om borrelia i tidningen, då fick jag faktiskt borrelia. Det kändes rätt spännande, att jag fick det som tidningarna skrev om. Man var liksom med i svängen.

Det gick inte många dagar förrän en journalist ringde och frågade om jag ville ge borrelia ett ansikte. Det ville jag inte. Jag sade till journalisten att om han sökte någon som vill ge den maskulina sexbomben ett ansikte så fick han gärna ringa på nytt, men någon lust att ge blodlusen ett ansikte hade jag faktiskt inte.

På natten, när det är tyst, kan man höra de små fästingarna rulla runt på golvet och skratta, stinna och trinda av blod, de spelar kula med sig själva och skrattar så de kiknar, och ute i trädgården rasslar vinden i de torra pinnarna som en gång var våra rosor medan kärlekens bruna käpp vajar i nattbrisen.

Det är ännu en sommar i Sverige.

Torshavn ligger vackert belägen i en vik, kringgärdad av höga berg som skyddar mot de kalla vindarna norrifrån. Och har man en ledig eftermiddag, och starka ben, så finns det inget bättre än att klättra upp bland de färöiska bergen.

Där har man en underbar utsikt, och alldeles ensam är man för det mesta, och med lite tur ser man valar längre ut i bukten, men det är rätt sällan. Men just den här dagen var jag inte ensam, och det var inte en val som kom emot mig. På håll hade figuren visserligen lite yttre likheter med en val, svart och spolformig, men småningom såg jag att den snabba varelsen inte alls tillhörde djurriket:

Det var en nunna.

Och hon var arg.

Hon var så arg som ingen nunna varit sedan heliga Birgitta läxade upp hela sin samtid. Nunnan tog min hand och drog ner mig så att jag satt bredvid henne på en stor sten och sedan började hon tala på rätt bra engelska. ”Twentyfive years”, sade hon, tjugofem år har hon varit nunna. Hon har inte varit till besvär, så gott hon kunde bedöma det hade hon varit en tillgång för klostret, det lilla klostret som ligger där nere vid bäckarna österifrån. Inte en dags semester. Inte en dag. Och nu, efter tjugofem år, då ber hon om tillåtelse att få åka till sin sjuka syster, som bor i Luxemburg, och besöka henne i tre dagar. Men får hon det? Nej. Abbedissan säger nej. ”För i vårt kloster”, citerar hon denna abbedissa från avgrunden, ”tror vi inte på semester!”

Den här nunnan är verkligen upprörd, och här någonstans sluter jag lite diskret öronen för att inte komma de alltför intima och pikanta detaljerna i klosterliv alldeles för nära, ja, det var rätt pikant, det lilla jag ändå lyssnade. Hon pratade och pratade och berättade och berättade, och jag tänkte mest på annat, såg på utsikten, och tänkte på hur besynnerligt det är att jag gillar saker som är små och svarta. Jag har alltid älskat pingviner, nunnor och musikalen Chess.

Nunnan lugnar sig efterhand, berättelsen blir lite mer nyanserad och artikulerad, och hon ler till och med lite. Hon reser sig, tar mig mycket artigt i hand och tackar. ”Det är så skönt att få prata med någon som bryr sig”, säger hon och ler med tänder vitpolerade av hårt klosterknäcke.

Märk väl att jag inte har sagt ett ord till henne såhär långt. Hon har pratat, jag har brummat några ”ojdå” och ”jaha, där ser man”.

Fast hon har rätt. Sund liten människa, den här turbonunnan.

Man måste få ur sig saker. Man måste våga berätta vad som tynger en. Och då kan ett lånat öra gott duga. Det som inte kommer ut, det blir kvar inne och åker i en ändlös bana runt runt i ens inre, som en sådan där Konsumåtta, och mal allt djupare fåror i ens själ.

Jag hoppas det finns någon som orkar lyssna på mig om jag en dag av någon outgrundlig anledning hamnar i kloster, och min syster, av någon ännu märkligare anledning, bosätter sig i Luxemburg.

Hamlet säger i första akten: ”Ge varje man ditt öra, men få din röst.” Visserligen säger ju Hamlet ett och annat, och sedan dör han ändå på slutet, men just i detta har han rätt. Att för ett ögonblick stilla allt det som pockar i mitt eget inre, och istället öppna mitt sinne för andras liv, kan inte annat än göra mitt eget liv större.

Nu klämtar klockorna nere vid klostret, och nunnan småspringer nerför slänten. Jag ser henne bli mindre. Hoppas hennes syster kryar på sig. Och hoppas nunnan hinner i tid till mässan, så hon inte eggar abbedissan till nya nivåer av klosterkakofoni.

Det är en lördagsmorgon tidigt på hösten, vi står mitt i ett blåbärsfält på ön Grinda, och vi tror inte det är sant. Hela marken glimrar liksom i blått, varje bär är runt och ser nästan polerat ut, och så smakar de lite tillgjort perfekt med sin saftiga, söta fullmogna smak. Det ser ut som om Walt Disney har designat detta blåbärsfält.

”Jag är inte säker”, säger Åsa, ”men jag tror vi har en naturupplevelse.”

Jag nickar. För stadsbor som oss brukar naturupplevelser i regel vara att någon kör över en pudel med en bil. Det är befriande att vara ute i terrängen med Åsa, hon har lika lite koll som jag.

Åsa sätter sig och börjar mumsa blåbär.

”När jag var barn”, berättar hon mellan tuggorna, ”brukade mamma ta oss till skogen varje höst. Vi plockade svamp. Och när vi kom hem gjorde hon en svampsås och vi åt lydigt fast vi visste vad som komma skulle. Efter maten drabbades mamma av panik för giftsvampar, och som efterrätt tvingade hon oss att kräkas upp middagen. Vi stod i kö till toaletten. Varje år."

"Men varför då?" undrar jag förvånat.

"Jo, i mammas självbild ingår att hon är en sådan som älskar och kan naturen, men sanningen är att hon egentligen är rädd för den och tycker att naturen är uppfordrande. Skulle mamma vara här idag och hitta det här blåbärsfältet, då skulle hon se det som början på något jobbigt. Hon skulle känna krav på sig att plocka alla blåbären, ta hem dem och göra en paj. Sedan skulle hon bli ledsen för att jag eller min bror inte hann komma hem på besök i tid för att njuta av pajen när den var färsk, och den skulle bli gammal i kylskåpet, och denna magiskt vackra höstdag skulle ha förvandlats till en hopsjunken gammal paj i ett kylskåp som luktar surt av misslyckande."

Jag skrattar och knäpper en liten skalbagge så den åker i en båge under ilskna svordomar över stadsbor. Ja, jag hör ju inte svordomarna men jag har sett insekter i tecknad film och vet hurdana de är.

"Visst är det konstigt det där med självbilder", säger jag. "Man lever med så många skumma föreställningar om sig själv. Min kompis Tina, du vet, hon har hela sitt liv varit barnkär, hon utbildade sig till ungdomsledare, hon arbetade först på dagis, sedan fritids och sedan som förskollärare. Och nu, vid 46 års ålder, inser hon en dag att hon inte alls tycker om barn. Hon tycker tvärtom att de är skrikiga och när de är i stora grupper luktar de illa. Men för en kvinna med hennes bakgrund var det så självklart att vara barnkär, så det tog henne 46 år att genomskåda den lilla lögnen. Nu håller hon på att skola om sig, hon ska bli smed istället och hon är jätteglad.”

”Jag har alltid varit misstänksam mot folk som säger att de är barnkära”, säger Åsa. ”Det är väl aldrig någon som skriker att han är vuxenkär? Det är med barn som med vuxna, man får vara glad om man hittar någon enstaka som man står ut med.”

Vi sitter tysta en stund och tuggar oss blå.

”Men din mamma...”, säger jag sedan. ”Hon är väl ungefär lika gammal som min?”

”Jamen, de är så väldigt olika. Din mamma är ju... ja, inte galen, men väldigt speciell.”

Jag nickar muntert. ”Vet du vad som hände i påskas? Det kom sådana där påskhäxor från huset och tiggde godis. Mamma gav dem Nicorett-tuggummi. Hon kunde inte alls förstå varför grannarna blev upprörda. Det är ju både gott och stimulerande, tyckte mor.”

Åsa skrattar så mycket att ett blåbär åker upp i näsan längs någon förvirrad svalg-gång. När hon lugnat sig lägger hon sig i riset och torkar tårarna. ”Kan du inte berätta den historien för min mamma?”

”Vadå, kan du inte själv berätta det för din mamma?” frågar jag.

”Du vet inte mycket om mammor och döttrar du. Mamma hinner inte lyssna på mig, för hon är för upptagen av att lära mig allt hon inte kan om naturen.”

”Men om hon lyssnade, vad skulle du säga då?” frågar jag.

Åsa funderar. ”Jag skulle säga att hon kan slappna av. Att jag inte älskar henne mera för att hon springer runt i skogen.”

Jag lägger mig raklång bredvid Åsa. Jag räcker ut min blåa tunga för att se om jag kan nudda vid min nästipp. Det kan jag inte, har aldrig kunnat tidigare heller.

”Men Åsa”, frågar jag sedan, ”vad ska hon då göra för att du ska älska henne?”

”Hon behöver inte göra något alls. Hon behöver inte förtjäna min kärlek, hon har den ju redan. Allt jag vill är att hon ska ha det bra och kunna njuta. Det är inte jag som tvingar ut henne i skogen som en överårig Rödluvan bland giftsvampar och hotfulla förväntningar som måste uppfyllas – det är hon själv. I en saga utan lyckligt slut är hon såväl Rödluvan som vargen, och jag försöker vara den goda jägaren som säger att hon kan sluta äta upp sig själv.”

Nere vid bryggan tutar ångbåten glatt. Vi reser oss och borstar ris från varandras tröjor. Men innan vi börjar gå fångar Åsa min blick i sin, hon vill avsluta tankegången. ”Jag ska ringa henne. Nu får den gamla sagan vara slut. Nu börjar en ny, och där får hon spela häxan i pepparkakshuset. Tänka på sig själv, gärna skrämma små barn och småknapra på väggarna utan att bry sig om kalorier. Bara hon lovar att varje dag sitta en liten stund utanför stugan och låta solen värma hennes ansikte.”

”Och vem är du i den nya sagan? Greta?” frågar jag.

Hon skakar på huvudet. ”Jag är berättaren. Jag ska berätta för henne en saga om en varvad liten rödhätta som förvandlas till en avslappnad häxa. Och hon ska förstå. Hon ska förstå att så kan ett lyckligt slut se ut.”

En vän frågade vad jag lärt mig, nu när jag är mitt i livet.

Ja… inte är det mycket.

Jag läste i en tidning att om man träffar en fotfetischist så skall man bära vita tubstrumpor, för det tycker de är väldigt eggande.

Men det är ju inte mycket att komma med som livsvisdom.

Men det finns en sak jag tror på: Nåd.

Visa nåd och du skall möta nåd.

När jag var liten var det ingen som förstod att jag var närsynt.

Vi bodde i ett radhusområde, och alla husen var så likadana och jag hittade aldrig hem.

Jag tog mig in i trädgårdarna och tryckte näsan mot fönsterrutan, och om någon då skrek av fasa visste jag att här bodde jag inte. Åtminstone hoppades jag att det inte var här jag bodde.

Och det är väl detta åren lärt mig:

Om jag ser någon som trycker ansiktet mot min fönsterruta – andas djupt och försök att vara barmhärtig.

Det behöver inte vara ett monster.

Det kanske bara är en som är mycket mycket vilsen.

Jag står i kön på Akademibokhandeln, och framför mig står världens kanske äldsta kvinna. Hon bär på en bok så tung att hennes redan krumma ben viker sig ytterligare. Äldre människor kan få en så märklig kroppsform, denna dam ser spetsig ut upptill men avslutas neråt med ett runt ”o” när boken pressar henne till nya rekord i hjulbenthet. Lite nyfiket lägger jag huvudet på sned för att se vad det är för bok som tanten anser det värt att bågna under. ”FASS”, läser jag, boken som beskriver alla läkemedel och alla symptom på samtliga sjukdomar som finns. Och vi talar inte patient-FASS, nej hon köper proffsupplagan, den som bara riktiga läkare och riktiga hypokondriker håller sig med.

När hon betalat skall hon lyfta den tunga boken, den väger så mycket att den bräckliga lilla tanten pressas samman under bördan och blir ännu krokigare än hon var tidigare, och stapplande börjar hon ta sig mot utgången. Vid dörren vänder hon sig om mot kassörskan och stönar: "Det är inte lätt att bli gammal."

Jag står bara och tittar, i vanliga fall skulle jag erbjuda mig att hjälpa henne men jag vill faktiskt inte. Säkert är det så att det inte är lätt att bli gammal, men det blir inte heller lättare om man ska släpa på FASS. Går tanten runt och bär på alla sjukdomar som hon kan tänka sig att drabbas av, då kommer hon säkert att drabbas av dem alla i tur och ordning, och då blir det bråttom om damen ska hinna dö i tid, för det finns fasligt många sjukdomar och denna tant har så att säga passerat sitt bäst före-datum.

Jag vill säga åt henne att lämna tillbaka FASS och byta den mot någon annan bok, någonting som får henne att lyfta istället för att binda henne till jorden. Jag ser mig omkring. Som stapelvara vid kassan ligger "Kamasutra – din nyckel till indisk kärlekskonst". Tja, kanske inte den direkt... nog för att jag tror att gamla tanter mår gott av kärlekskonst, men till och med för folk i min ålder kan det stundom vara besvärligt när man skall vika knäna bakom nacken.

Men lilla tanten, nu vet jag. Bland diktböckerna finns ett verk som heter "Kanteletar", det är finsk folkdiktning, sånger som är medeltida och något äldre än tanten själv, den kan hon köpa, och däri läsa den sång som min mormor så ofta nynnade på:

Du ska inte sörja, mor min,
klaga i din ålders åga
om hur livets dagar löper,

hur den dyra tiden dalar
mens i barnslighet jag sjunger,
kvittrar som en fågelunge! —
Livets dagar löper ändå,
raskt den gyllne tiden rinner
också om jag aldrig sjunger,
inte någonsin nynnar;
raskt den gyllne tiden rinner,
bort den dyra dagen dansar
vid att luftens fåglar fröjdas,
sparvarna visslande spelar.

Där du, lilla tant. Inte en sekund lägger du till genom att bära runt på FASS, genom att låta din kropps bräcklighet kasta skuggor över den gyllne tiden, den dyra tiden.

Min mormor hade så många sjukdomar att författarna till FASS skulle ha stämt henne för att hon inte hade förstånd att dö. Men sjöng gjorde hon likafullt, och njöt av de dagar hon blev tilldelad, hennes stund i den gyllne tidens flöde.

Lilla damen, när jag gick i skolan hade jag en lärare som alltid suckade över att jag var så dålig på kemi och fysik. Till sist blev det ett stort problem, jag blev ledsen och gick runt och kände mig chanslös i livet eftersom jag inte kunde ange den kemiska formeln för vätesuperfosfat. Men till all lycka hade jag en annan lärare som frågade varför jag alltid såg så orolig ut nuförtiden, och när jag förklarade, skrattade hon och sade: ”Du är ju bra

på så hemskt mycket annat. Du får väl arbeta med något där du undviker vätesuperfosfat som måste formelanges.”

Så är det. Vi ska undvika att fokusera på det som inte fungerar och istället låta hälsans stadiga stenar bygga broar över ohälsans sunkiga floder.

Ojoj, nu blir tant kanske lite irriterad på detta ägg som ska lära hönan värpa, nu ser jag att hon bläddrar i FASS för att hitta namnet på den hålighet där jag kan trycka upp min förnumstighet. Ge mig en chans till, tanten. Om hon nu inte vill ha finländskt folkepos, så får jag kanske rekommendera en annan bok från samma land, nämligen Eeva Kilpis samlade dikter. Hon skriver:

Började falla som ett löv.
Ångrade sig halvvägs ner,
förvandlades till en gul fjäril
och flög sin kos.

Min mor lovade mig att om jag inte började röka så skulle hon betala mitt körkort.

Jag började inte röka. Och när jag fyllde 18 och var redo för bilskola tog mamma ett djupt bloss på cigaretten och sade: ”Äsch, jag skojade bara!”

Jag blev arg, men mamma sade att det viktigaste ju var att jag inte rökte, det skulle hon inte heller göra om det inte smakade så fruktansvärt gott. Dessutom trodde hon att det var bäst för mänskligheten att jag inte hade körkort. Sedan gick hon ut och köpte en cykelpump åt mig, så jag kunde pumpa min gamla cykel. ”Du får en snygg rumpa av att cykla, och om jag fattat saken rätt kan du behöva det.” Och hon skrattade så gott åt tanken att hon måste lägga sig ner på soffan, och när hon äntligen slutat skratta låg hon kvar, för det var rätt bekvämt.

Denna lilla historia innehåller två av de viktigaste ingredienserna i min barndom: dels den totala bristen på präktighet, dels skrattet som alltid fanns där.

I perioder blev jag och mina syskon vansinniga på mamma. Hon hade för vana att samla alla våra trasiga kläder i en stor säck. Och när säcken var full tog hon dystert fram nål och tråd, sydde lite förstrött på någon söm innan den totala tristessen slog till. Då fanns det bara en sak att göra för att livet åter skulle få ett värde:

Hon tog säcken på ryggen och bar iväg den till soporna. Väl hemma igen kändes allting bättre, och på något märkligt sätt var det som om hon fått mycket uträttat just denna dag, hade hon inte fixat en hel säck med trasiga kläder kanske?

Eftersom vi inte var en rik familj var förlusten av ett par älskade jeans en mindre katastrof för en tonåring, men mamma klappade om oss och berättade att buddisterna sade att man inte skall vara för fäst vid jordiska ting. Tja, kanske var det inte buddisterna utan Jesus eller Urho Kekkonen eller någon, men hur som helst är det rätt tänkt: Viktigare att vara fin inuti än utanpå!

Om denna lektion i klassisk filosofi inte muntrade upp oss hotade mor oss med att det kunde vara farligt att se alltför dyster ut för länge. ”Om vinden vänder och tuppen gal, barn…”, sade hon, ”så kommer ni att bli sådana. Då ser ni alla ut som er farmor och Gud skydde oss mot det!” Och hon kastade huvudet bakåt i skratt, och även den mulnaste tonåring hade svårt att värja sig mot den frustande livsglädje man upplever då man gör sig av med en hel säck trasiga kläder.

Finns det någon lärdom att dra av min mor? Om jag svarar ja på frågan går det en skälvning genom Marthaförbund i vår höga Nord, de ställer sig och demonstrerar utanför mitt hus, kastar hemlagad sylt på fönstren och punkterar mina cykeldäck med sina strumpstickor. Men låt mig försöka vara diplomatisk:

Vi lever alla med krav och förväntningar i våra liv, och så måste det vara. Men stundom kan förväntningarna bli kvävande och då måste vi skapa oss frihet.

Min goda vän Ingrid blev chef för Dramaten och flyttade in till city. När hon gick hem från teatern på kvällarna, då passerade hon Malmskillnadsgatan, denna klassiska adress för Eros i natten i vår huvudstad. Inte sällan hände det att bilar stannade och föraren vevade ner rutan och frågade om hon var prostituerad.

”Nej”, sa hon, ”jag är chef för Dramaten.”

Och då såg de lite besvikna ut, och där fick hon stå och skämmas för att hon inte levde upp till deras förväntningar.

Men om man tänker efter så är det ju mycket finare att vara chef för Dramaten än att vara prostituerad.

Så är det med förväntningar. De förminskar oss. Istället för att leva ut våra begåvningar försöker vi leva upp till vad andra tror om oss. Och i regel tror andra så väldigt lite om oss, och innan vi vet ordet av sitter vi där i en hög av stickade strumpor och krossade drömmar.

Tillbaka till min skrattande mamma. Vad gör en god förälder? Yllestrumpor är förvisso bra att ha på kalla vinterdagar, och hemlagad sylt kan man gnida in folk med om man vill förnya sitt erotiska liv, dock aldrig sin mor! Men bland de största gåvorna ett barn kan få är modet att gå sin egen väg. Mamma satt aldrig på Moderskapets Piedestal, det var för svårt att balansera den där soffan där. Men hennes skratt och hennes mod byggde trygga väggar runt vårt hem. Hon fick fyra barn som skrattar hos psykologen istället för att gråta där.

Mycket mer kan man inte begära av en barndom.

Jag är förnärmad och generad när dörren går igen bakom mig med ett litet klick. Jag har just blivit utkastad från kursen ”Mental avslappning” för jag snarkade så högt att de andra blev störda.

Jag vaknade när lärarinnan skakade liv i mig och bad att få växla några ord med mig utanför rummet där mina med-kursister på ett smakfullt och lagom sätt låg och slappnade av sina små mentaliteter.

Väl utanför bad lärarinnan mig att komma tillbaka en annan gång när jag inte var fullt så trött och utmattad. Mitt försök till försvar, att det väl just är när man är utmattad som man skall slappna av, mottogs dövörat, och jag hann just säga att ”för att vara en lärare i avslappning verkar du rätt spänd” när hon stängde den där dörren.

Utanför står sommaren i full blom. Jag går ner till vattnet och kastar på måfå i lite stenar, inte för att de skall studsa på ytan utan mer som en överslagshandling. Vad genant att somna så djupt att de andra blev störda.

Det är inte mitt första misslyckande i den meditativa genren. Yoga fick jag sluta med för att jag fick kramp i låren av att sitta i skräddarställning och fundera på mitt mantra. Är man från Finland är man inte byggd för att sitta i lotusställning. Men den gången var jag rätt ung, och jag tog det som ett misslyckande och blev ledsen över att jag inte var andligt mogen nog att sitta i skräddarställning.

Med solen i ansiktet återvänder så småningom mitt goda humör.

Det är inte mig det är fel på. Att somliga saker inte passar för mig är inte ett problem, jag får helt enkelt hitta på något annat som passar mig bättre.

Tänk att jag somnade så djupt.

Egentligen är det rätt roligt. Snacka om mental avslappning. Jag borde få medalj. Hon hann inte mer än haspla ur sig ett par ”Djuuuupa andetag” innan jag föll i koma. Jag är banne mig kursetta.

Hela livet får jag söka efter mig själv. Och det kan smärta att tvingas ta farväl av den människa jag så förtvivlat gärna skulle vilja vara, en djupsinnig, vis yoga-Mark, och istället släppa fram mitt icke-meditativa, lättsövda, gladlynta jag.

Men jag tror att det är min uppgift att med åren skala av dessa själens maskeradkostymer och försöka hitta till den jag egentligen är och lära mig att tycka om den människan.

Jag sträcker ut mig i gräset och känner den varma höstdagen omsluta mig. Ännu en stund av sol, fast sommaren sedan länge är förbi. Jag är inte en sådan som gör min tanke tom och slappnar av mentalt och vilar i evighetens lugna andning. Jag lever med ett dunkande hjärta och trivs rätt bra med det. Vila i evigheten får jag väl i graven, och då kan de, om de fortfarande tycker det är viktigt, vika ihop mig i lotusställning, och jag lovar att jag inte skall snarka om jag skulle råka hamna i graven bredvid lärarinnan i mental avslappning.

Vägen är ojämn och den lilla turistbussen skumpar fram genom Australiens täta eukalyptusskog. Bredvid mig sitter en irriterad kanadensisk vegan, nu har hon klagat över bristen på vegetariska alternativ på vägkrogar i över 20 minuter. Jag försöker roa henne med att berätta att vi i Sverige idag har en motrörelse mot veganer, de kallar sig militanta köttätare och det enda de gjort hittills är att de vält ett grönsaksstånd i Umeå. Hon tycker inte alls det är roligt, men chauffören Benny skrattar gott.

Jag har inget alls emot veganer och vill verkligen inte ha några fiender i Kanada, så jag börjar tala om grönsaker som jag tycker är goda. Jag hinner nämna gurka, tomat och selleri innan hon avbryter min i och för sig ganska poänglösa uppräkning med att demonstrativt vända sig till Benny. ”Men du som vigt ditt liv åt ekologisk turism. Visst vore det bättre om vi levde efter naturens lagar.”

Chauffören är tyst en stund. ”Tja. Jag vet inte. Jag tror mera vi ska leva i samarbete med naturen. Naturens lagar är hårda."

Hon ger sig inte. "Människan är ett djur bland många. Vi har inte rätt att sätta oss över naturen."

Benny ler snett. "Ni ser", säger han, "hur luften dallrar. Det är från oljan i eukalyptusträden. Koalabjörnarna lever i träden, de njuter av doften och deras pälsar är täta och täckta av oljan. Men i kretsloppet ingår att skogen fattar eld med jämna mellanrum. Då exploderar koalorna, de brinner som facklor. Det är naturens lag."

Jag måste kväva ett fnitter. Jag vet inte varför jag vill skratta. Det är ju bara sorgligt med koalabjörnar som exploderar. Kanadensiskan skrattar verkligen inte. Hon tittar på Benny som om det var hans fel att koalorna går upp i rök. "Du vet att det inte är så jag menar. Vad jag säger är att vi har en instinkt, och genom att följa den och göra vad naturen påbjuder kan vi inte göra fel som människor", säger hon.

Benny skakar på huvudet. "Sorry lady, men jag håller inte med. I vår instinkt ingår både själviskhet och grymhet. Att vara människa är att arbeta mot sin natur i mycket. Låt oss gå tillbaka till koalabjörnarna. De är solitärer, de bor en och en i var sitt träd. När honan är brunstig avsöndrar hon en doft. Och koalahannen i trädet bredvid tänker "mums", och klättrar ner och ställer sig vid foten av honträdet. Då blir honan vettskrämd och börjar klättra uppåt. Och hannen följer efter. När honan är högst uppe kan hon välja – antingen låta sig våldtas eller kasta sig ner mot en säker död. I ungefär hälften av fallen väljer hon självmord."

Vi sitter tysta länge. Kanadensiskan ser lite chockad och upprörd ut. Hon tittar på Benny, sedan tittar hon på mig. Jag funderar på att säga att jag inte ofredat en enda koalahona i hela mitt liv men det är inte läge för det. Hon suckar. "Så det är inte värt att tro på något alls i det här livet då."

Benny ler och skakar på huvudet. "Jodå, miss. Vad jag vill säga är att en människa måste välja vad man tror på. Man kan inte köpa ett paket som 'naturen' eller, som många gör, 'bibeln' och slaviskt låta det diktera varje beslut vi fattar.

Man måste ställa sig själv frågan: Vad tror *jag* på? Vad tror jag att rätt alternativ är i just detta fall. Att försöka leva sitt liv efter ekologiska eller religiösa ideal är stort och hedervärt. Men det fråntar oss inte vårt ansvar att varje dag, varje stund, fatta våra beslut utifrån vår egen erfarenhet och vårt liv. Det är att vara människa. Att välja."

Vi sitter tysta. Bussen skumpar vidare. Luften dallrar. Livet är lite svårare än tidigare, och lite intressantare.

Om man söker telefonnummer till Finland skall man ringa utlandsupplysningen. Den heter 118 119 och det kostar en krona i sekunden. Det är ganska dyrt, men å andra sidan är det ju roligt att ha telefonnummer till Finland, så man kan ringa folk och prata finska.

Jag ringer 118 119 och en släpig röst svarar: "Eniro 118 118, Maj-Gull Bergenstråhle, född Karlström."

Och jag säger förvirrad: "... 118 118 ... jag ringde 118 119, utlandsupplysningen!"

"Jaha", säger hon, "då säger vi väl så då."

Jag känner hur skrattet börjar bubbla i mig. Det var det mest oengagerade jag någonsin hört. "Du tycker det är rätt tråkigt att jobba där, va?" frågar jag.

Hon sitter tyst en fyra fem kronor. "Tja. Vad ska jag säga... det är inte så upphetsande att sitta här och rabbla telefonnummer dagarna i ända."

”Men”, säger jag, ”vad drömmer du om att göra istället?”

Nu sitter hon tyst nästan en hel Selma. ”Vem har råd med drömmar?” frågar hon sedan lite sorgset.

Jag känner att jag är inne och klampar på områden där jag inget har att göra, så jag frågar efter mitt nummer, och hon söker och söker och kronorna rullar iväg, och efter en mindre förmögenhet konstaterar hon att något sådant nummer nog inte finns men att hon har tillgång till drösar av andra nummer i Finland som hon gärna ger istället. Jag tackar och lägger på, eftersom inte ens en höginkomsttagare har råd att sitta och lyssna på hennes nummerimprovisationer.

Men hela dagen tänker jag på henne. ”Vem har råd med drömmar?” frågade hon.

Vad betyder det? Är det en lyx att drömma som vuxen?

Jag vet inte hur mitt liv skulle se ut utan drömmar.

På kvällen ringer jag ett annat nummer som jag inte behöver hjälp med, min pappas, och frågar honom vad han drömde om som yngre?

”Oj”, säger pappa. ”Jag drömde om att förlusta mig erotiskt med en hel grupp bikinimodeller.”

Jag suckar. ”Nå, uppnådde du dina drömmar?”

Pappa skrattar. ”Nej, men det är väl inte meningen. Det var ju en dröm. I verkligheten skulle det nog vara rätt bökigt, tror du inte?”

”Tja”, säger jag, ”jag har inte tänkt så mycket på hur det skulle vara med just bikinimodeller. Men har du andra drömmar nu då?”

”Ja.” Pappa låter nästan lite förvånad. ”Klart jag har.”

”Vad då?”

”Hm.” Han tvekar kort. ”Jag är inte säker på att jag ska berätta. Drömmar är känsliga saker. Men du minns din farmor?”

”Jo”, säger jag. ”Den där lilla sura.”

Jag hör hur han försöker låta bli att skratta, även om han som jag är medveten om att pH-värdet kring farmors grav troligen sjunkit till det enastående gradtalet 2. ”Ja, mamma hade det väl inte så lätt. Men hon satt en liten stund i skymningen och drömde sig bort, varje dag, och så var hon faktiskt glad nästan hela kvällen sedan. För drömmar ger kraft. Drömmar är inte ett mål att uppnå, drömmar är en liten motor som får oss att puttra i rätt riktning. Det viktiga är att ta sig framåt.”

”Ja”, säger jag, ”du har rätt. Minns du den där gravstenen vi såg i Rom?”

”Vita Somnium Breve – livet är en kort dröm”, briljerar pappa med sitt skollatin.

”Ja, jag tänker ofta på den. Vårt liv är en kort vandring bland skuggor. Vi måste ständigt ta oss framåt, för visst är det svårt att söka sig vidare, men det är ännu farligare att stanna kvar, då äter sig skuggorna inåt.”

”Precis”, säger pappa. ”Och där kan drömmar vara en karta som hjälper oss hitta ut ur skuggorna mot ett större ljus.”

”Så vad borde jag ha sagt till den där telefontanten?”

”Ja du… kanske att frågan inte är vem som har råd att drömma. Frågan är vem som har råd att inte drömma.

Drömmar kittlar oss på själen.

Drömmar kan få oss att vakna – och le.”

Kims mamma var egentligen inte den typen som blir religiös, hon var för rolig. Hon hette Pamela, bara det tyckte jag var roligt.

Hon var så fåfäng att hon inte kunde gå ut och jogga utan att ta handväskan med sig, för man visste ju inte om det skulle dyka upp någon lämplig kandidat att gifta sig med på vägen, och då var det bra om man hade med det nödvändigaste i form av puder och parfym att dölja det värsta med. Hon trodde backspegeln i bilen var gjord av någon som begrep sig på en kvinnas behov, och förresten var bärgarkillarna både trevliga och snygga när de för tredje gången drog upp Wartburgen ur diket. Aldrig beundrade jag henne lika mycket som den gången hon gick till damfrisören, och blev klippt och fönad och blåst och tuffsad, och sedan sade frisören ”nu ser det ut som om vårvinden har blåst genom ditt hår, det blir 400 mark”, och Pamela betalade suckande och svarade att nästa gång sätter hon sig på balkongen istället.

Men sedan en dag gick hon med i en församling. ”Man måste göra något av sitt liv”, sade hon, ”och det måste finnas något större är måndagar och tisdagar.”

I församlingen gick det inte alls bra för Kims mamma. Folk undvek henne. Hon var lite för mycket för dem, hon skrattade lite för högt på ett lite för hest sätt, och hon pratade på om backspeglar och bärgningsmän. Inte så att hon var konstig på något sätt, Pamela var bara väldigt mycket människa.

Nej, hennes tjänster behövdes inte i söndagsskolan, ”… just nu finns det tillräckligt många frivilliga som tar hand om kyrkkaffet, men kanske senare, mot våren till …” En blick som slås ner här, ett osäkert leende som viker undan där.

Allt ställdes på sin spets när prästen krävde att hon skulle sluta att använda läppstift om hon ville vara med i den andliga gemenskapen.

”Du får välja mellan läppstift och Gud”, sade prästen.

Och Kims mamma valde läppstiftet och sedan gick hon hem och grät.

Det är trist att vara barn i sådana lägen. När man inte förstår och inte kan trösta.

Nu när Kim är stor skulle han kunna säga till Pamela att hon inte valde mellan läppstift och Gud.

Hon valde mellan läppstift och församlingen, och det är väldigt stor skillnad.

Gud är alltid större, och just för Pamelas skull skapade han läppstift, så hon skulle få känna sig lite fin. En bön blir ju inte

är nu tradition, och någon gång ska man ju dö.

En gång var mormor hos honom, och doktor Bergström sade: ”Gamla fru Alander har inte varit här på länge”, och mormor svarade, ”nej, se, jag har inte varit riktigt kry…”

Jag skrapar fram mormors födelseår under mossan, 1896. Hon tillhörde den gamla världen, den som var insvept i en doft av 4711, Kölnerwasser. Det var hon som lärde mig att Gud bor i varje människa och att det var ett faktum som inte ens doktor Bergström kunde påverka, Gud ske lov. ”I varje människa bor Gud, i minsta lilla hottentott”, sade mormor och lyckades sålunda både vara rasistisk och fördomsfri i samma mening.

Jag klappar stenen lite tafatt, för hon var den bästa mormodern. Inte kan jag säga att jag sörjer henne längre men tomrummet efter någon man älskar kan ju aldrig fyllas med något annat, man blir lite hålig efter ett tag om det är många som dör för en.

Men hurdan är döden? Med ryggen mot mormors sten sitter jag och tittar mot molnen.

Är döden en vind som lyfter mig uppåt, så tyngdlös, så lätt, så glad, så befriad?

Eller är den en bländande vit öken, där jag vandrar tills jag inget längre minns och inget längre stör?

Är det en mjuk kind, en famn jag får vila i, en hand som stryker mig över ryggen tills jag är helt lugn.

Kommer jag hem?

Eller är döden att en gång för alla ta farväl av det som är mitt hem, mitt jag. Suddas jag ut och uppgår i en större helhet? Eller stelnar ramen kring mitt liv och befäster allt det som aldrig mera kan ändras på?

Får jag vara nära dem som ännu lever?

Eller tas jag emot av dem som fanns där förr?

Vart jag går och vad som händer är jag inte ensam.

I mig bor Gud.

Och när min livsdag når sin ända, då är det tid att byta.

Då är det min tur att bo i Gud.

Sista året blev morfar lite gnällig.
”Världen var bättre förr”, sade han.
Men mormor tittade länge på honom, och så sade hon milt: ”Världen är nog densamma. Det är du som var bättre förr.”

Och morfar läste förargad vidare i sin tidning, och utanför fönstret slog rosenbusken också denna vår ut i blom.

Nerför Mannerheimsvägen skramlar spårvagnen. Det är mitt i Helsingfors, det är mitt i vintern, det är mitt i natten. Konduktrisen sitter i upphöjt majestät i sitt lilla bås vid bakre ingången och ser olycklig ut. En man som inte har varit nykter på ett tag lutar sig mot båset.

Han tycker att konduktrisen är söt.

Hon tycker att han är ett fyllo.

På sätet bredvid mig ligger en uppslagen dagstidning. En bild av Dolly Parton, hon berättar att hon var den första som brände sin behå och att det tog brandkåren tre dagar att släcka elden. Varför bor alla roliga människor så långt borta, och varför sitter just jag i en spårvagn med en ledsen konduktris och en full man?

När vi med högljutt gnissel viker av vid Skillnaden rundar vi biograf Adlons upplysta hörn. Där visas just nu Doktor Zjivago, en storfilm som handlar om hur kallt och rysligt och romantiskt det är i Sovjet. Omar Sharif blickar ner från affischen. Hans svarta ögon blixtrar farligt, och detta trots att han bara ätit kålsoppa och levt på kärlek i Sibirien genom största delen av filmen. Jag äter också bara kålsoppa, men ser ändå ut som en trött hund på ögonen. Varför är det så mycket snyggare med elände i Sibirien än här i Helsingfors denna mörka höstnatt?

Fyllot sätter in en stöt på konduktrisen. "Så när skall fröken ha semester?"

Hon stirrar tomt framför sig, och svarar sedan nästan tonlöst, men djupt olyckligt: "Den har redan varit."

Och jag hör ju att allt roligt redan är förbi, och att hon är dömd att skumpa på den här spårvagnen genom en hel vinter och en hel vår innan hon åter skall få något vackert i sitt liv.

Herrejestanes. Jag vill inte bli som hon. Man måste ha något att se fram emot. Omar kan stråla med ögonen bäst han vill, han kan se fram emot att åka hem och kyssa den vackra Julie Christie när han är färdig med arbetet på kolchosen för dagen. Men vad har jag att se fram emot?

Och medan spårvagnen stretar uppför backen bestämmer jag mig för att försöka att hitta på något roligt varje dag i mitt liv, något att vakna upp till och se fram emot att göra innan dagen är slut.

Nära gränsen till Sovjet odlar min farmor sin trädgård. Hon odlar potatis och palsternackor och rovor, och hon är också sådär ledsen som konduktrisen. För farmor har glömt att i sina trädgårdar måste människan också odla rosor. Det måste finnas plats för rosor både i våra inre och våra yttre trädgårdar. Tillfällig skönhet som blommar i vår vardag.

Om jag tar alla pengar jag har, kan jag kanske köpa två biobiljetter. Då skall jag bjuda Pirjo på bio, hon vill nog gärna se hur tjusig fattigdomen är i Sovjet. Och så kan vi kanske, mitt bland de ryska frostrosorna, få även denna dag att blomma.

Kronprinsessans födelsedag den 14 juli är en festlig tilldragelse på Öland. Folk i tusentals samlas, det råder rojalistisk yra, det sjungs och det hurras så håret står rakt bakåt på den arma sessan, men hon ser lika glad ut hela tiden och tar glatt överraskad emot bukett efter bukett. Televisionen direktsänder ett program från Borgholms Idrottsplats som heter ”Grattis Victoria”, och ett år var jag programledare för sändningen.

Det är en lång sändning, men inte särskilt svår för en programledare, det är lite musik och lite skratt och sedan lite musik igen och något tal som handlar om kronprinsessans alla fördelar, och Victoria sitter i folkdräkt och fortsätter se lika glad och överraskad ut. Vad man än må tycka om kungligheter kan man inte komma ifrån att kronprinsessan är mycket duktig på att se glad och överraskad ut.

Jag gillar henne.

Vore jag lite mera lagd åt det hållet skulle jag kanske bli kär.

Någon timme före sändning sitter jag i min provisoriska loge och går igenom anteckningar och skriver slutmanus, och då känner jag en hand på min axel. Jag tittar upp, och där står en vänlig själ med ett stort leende. Hon är i 50-årsåldern, mycket moderlig. Hon är en av dessa många hundra ölänningar som år efter år arbetar som volontär med firandet.

”Det är likadant varje år”, säger hon. ”Du är inte ensam!”

Jag tittar lite förvirrat på henne. ”Jaha”, säger jag, ”… ensam hur då?”

”Varje år är programledarna lika nervösa som du är nu. Ibland skakar de av skräck. Jag brukar krama dem och säga att det kommer att gå så bra, och då gör det alltid det!”

Jag ler. ”Jag är faktiskt inte nervös alls. Jag är inte en nervös natur.”

Hon tittar förvånad på mig. ”Är du *inte* nervös?”

”Nej, det är jag inte.”

Hon ser förbryllad ut. ”Men du som pratar så fort att ingen fattar vad du säger?”

Hon vaggar vidare mot nya uppgifter och det är nästan onödigt att säga att nu blir jag riktigt nervös. Jag försöker ta mig genom dagen men jag känner att min själ bleknar och att hela det där maskineriet av tvivel och dåligt självförtroende spottar igång.

Nå, det går i alla fall bra med sändningen och sent på kvällen är jag tillbaka på mitt hotellrum och ska läsa en stund innan jag somnar.

Men jag har svårt att koncentrera mig. Jag tänker på vad den där öländskan sade. Jag är lite arg på henne, det var okänsligt sagt strax före en sändning. Mamma brukade säga till mig: ”Le och håll tyst så märker folk inte att du är dum i huvudet.”

Men jag känner att det inte är så enkelt. Jag gjorde ett fel, och egentligen vet jag det. Som programledare går jag ju in med en väldigt hög status, jag får uppmärksamhet, folk bugar och bockar så jag ibland måste se mig i spegeln för att bekräfta att jag inte bär folkdräkt och sålunda är kronprinsessan själv.

Min roll i programmet är självklar. Är man med som volontär är man också viktig, men då måste man skapa sig en roll. Om nu hennes roll var att trösta och stötta programledare, så kunde hon väl ha fått göra det! Vad skulle det ha kostat mig att se lite nervös ut, kanske till och med skaka och darra lite artigt. En kram skulle jag ha fått på kuppen, det skadar väl aldrig. Istället satt jag där och skröt om mina iskalla nerver, till vems glädje? Jag kunde gott ge upp min stora roll för ett ögonblick, så hon fick ha sin stund på scenen.

Och jag sträcker ut mig i min alltför korta hotellsäng, i rummet som är alltför varmt. Kanske ska jag bli en bättre människa imorgon?

Kanske kan det bli en dag då jag ger utrymme för andras behov?

Vem vet, kanske leder det till att jag själv blir glatt överraskad?

Det är som den där orange lilla saken brukar säga, Dalai Lama:

”Om du vill göra andra lyckliga, känn medkänsla. Om du vill göra dig själv lycklig, känn medkänsla!”

Det värsta med att åka tunnelbana är att man hinner tänka så mycket. Lampor fladdrar rytmiskt förbi, stationerna byter namn men är på något vis ändå samma station, den station där jag inte ska gå av. Mina tankar hakar också upp sig, gamla surdegar till misslyckanden dyker upp, tillkortakommanden, oförrätter. Somliga tankar har skapat egna banor i hjärnan, där glider de runt i ett ältandets dödtrista dans utan förmåga att byta bana.

Längre fram sitter en man med en flaska som han halsar ur. Mest halvsover han, ibland rycker han till och skriker:

”Håkan. Jag heter Håkan.”

Konstigt, jag trodde alkoholister skulle vara anonyma. Jag suckar och min heta andedräkt bildar imma på glaset, där lampa efter lampa markerar vägen mot nästa station som inte heller är min.

Det finns en bra sak som Anonyma Alkoholister brukar säga:

”Låt gå! Låt Gud!”

Att våga släppa sådant man ändå inte kan påverka och låta Gud ta hand om det.

Jag har aldrig lyckats bli alkoholist, jag somnar om jag dricker för mycket. Och narkotika är för dassigt. Piller vore kanske kul men då måste man gå till en läkare, och som finländare går man inte till doktorn förrän döden flåsar en i nacken.

Men det finns så många sätt att förgifta sig på. Onda tankar är väldigt effektivt. Att gå runt och älta, att gång efter annan återkomma till oförrätter i det förflutna – det är ett utmärkt sätt att lamslå sin själ och sluta sig för alla nya möjligheter.

En gång var jag med i en kampanj mot främlingsfientlighet som hette ”Alla lika, alla olika”, och mitt bidrag var att min bild var på samtliga mjölkkartonger och så stod det en text om att man skall vara vänner, även med finländare.

Det var konstigt. Alla mornar satt jag och tittade på mig själv på kartongen, och över mitt huvud stod det ”Bäst före 29 oktober”. En effektiv påminnelse om ens förgänglighet. Jonas skrattade högt och sade: ”För tio år sedan kom du hit som en fattig invandrare, och nu har du gett Arla-kossan ett ansikte.”

Och jag tänker att all den där oron, alla dessa poänglösa ekon i min själ, nog med råge passerat sitt bäst före-datum.

Man måste tillåta sig att låta saker komma till ro.

Jag måste lära mig att förlåta mig själv och gå vidare.

Låt gå! Låt Gud!

I tunnelbanans ändlösa pärlband av lampor bestämmer jag mig:

En dag skall jag ta båten till Amerika.

När jag är längst ute i Atlanten, då tar jag fram en liten papperslapp, och på den lappen skriver jag ner alla mina gamla sorger, och allt det som tynger mig, alla mina misslyckanden och mina oroliga nätter.

Och jag tar ett snöre och en sten och surrar fast lappen hårt hårt mot stenen, så att inte ett ord någonsin mera skall synas i solens ljus, och jag kastar stenen från båten, ner i havet. Och havet öppnar sig, på samma sätt som det gjorde för Moses, havet tar emot stenen och gömmer min lapp i sitt djup, och havet sluter sig åter. Ingen annan på båten ser vad jag och havet har för oss, och ytan ligger snart alldeles stilla och blank igen. Jag vandrar vidare på däcket med lätta steg och någon frågar om jag vill spela shuffleboard och jag säger: ”Ja tack gärna. Det skall bli roligt. Vilken vacker dag!”

Min finska farmor hade mottot: ”Saliga äro de som inte väntar sig något alls av livet, ty de skola icke bli besvikna.”

Hon var en liten, skinntorr och sur historia. En sommar hade pappa fått ett solur i present, det ställde vi i trädgården och var mycket stolta över. När farmor kom på besök visade vi uret, vi pekade och berättade att solen gick över himlen, och genom urets skugga kunde man läsa av vad klockan var. Farmor tittade misstänksamt på soluret, skakade sedan på huvudet och sade: ”Jaja, vad ska de hitta på härnäst…?”

Min farmors liv var vigt åt Hestia, hemmets och härdens Gud.

Egentligen ville farmor bli lärarinna, men det passade sig inte, så hon fogade sig på det där sättet som man inte skall foga sig och stannade under Hestias beskydd. Hestia är en hård gudinna, hon kräver offer. Och farmor offrade, hon var hemma, hon kokade njurar och krusade örngottsband. Hon strök underkläder, hon tvättade fönster, hon vann vinterkriget, hon hade migrän, hon ledde söndagsskolan, hon var med i Marthaförbundet, i Lottorna och i Missionsförbundet ”Hedningarnas vänner”.

Farmor hade ett mycket tråkigt liv.

Farmor offrade, och hon såg sig själv som ett offer. Hon ville hämnas, och det gjorde hon på oss barn.

Farmors hämnd hette ”Berlinergädda” och det var en gruvlig anrättning.

Här får ni receptet:

Man tar en sällsynt död gädda, stormkokar den utan att vare sig salta eller peppra tills varje uns av kött trillat av benen, och så serverar man hela anrättningen som en rykande benhög, till sin konsistens lite påminnande om Berlin hösten 1945.

(Till Berlinergäddans fördel måste sägas att det är en mycket fluffig konsistens. Så lätt, så lätt som sockervadd. Och ändå är det märkvärdigt klibbigt. Tänk er tarmludd, där får ni en aning om hur farmors gädda smakade.)

Söndagarna, när vi satt och petade i gäddhelvetet, var den enda gången vi såg vår farmor riktigt glad, för hon tyckte att det var fint när hela familjen led tillsammans.

Farmors lista över Saker Jag Inte Tycker Om var mycket lång. Listan toppades vart år av vår mor.

Farmor tyckte inte att mamma var en riktig kvinna, för hon lagade inte mat.

Och det är sant, om matlagning är förutsättningen för en riktig kvinna så är min mamma karl.

Hon förstod inte varför det var hennes uppgift att laga mat.

”Om det vore Guds mening att jag skall stå i köket skulle han ha gjort mig till ett köksbord”, sade mor och drog ett djupt halsbloss.

Ibland när vi kom från skolan frågade vi: ”Mamma när blir det middag?”

Då tittade hon förvånat på oss och svarade: ”Kära barn, hur skulle jag kunna veta det?”

Mammas få försök vid spisen är alla historiska. Två gånger under min barndom tvingades vi beskåda mors nästan bibliskt katastrofala försök att göra påssoppa. Hon kokade upp en stor kastrull med vatten, lade i hela den oöppnade Knorrpåsen och stod sedan och tittade på när påsen guppade runt bland vattenvirvlarna.

Enda gången som det osade från köket var när mamma stod vid fläkten och rökte. Då brukade vi sätta oss vid köksbordet och leka att det var middag och att cigarettröken egentligen var rök från en ångande skinka. Det tyckte mamma var så roligt att hon tog oss i famn och dansade runt och sjöng en sång som gick såhär:

”Låt mig er i famnen vagga,
er farmor är en sanslös hagga”

Och hur det nu var så klarade vi oss i alla fall, man vänjer sig vid att äta rötter och tugga rå svamp.

Vi växte och blev stora och glada, för mamma gjorde ingen mat men hon var en glad mamma, och glada mammor får ofta glada ungar, och det är ju det viktigaste. Vad hjälper det farmor att örngottsbanden är krusade när det inte finns någon som vill lägga sitt huvud tillrätta på kudden? Vad hjälper det att skura ytterdörren när ingen vill komma, utan alla bara går? Och fast farmor är omnämnd i Marthaförbundets festskrift under kapitlet ”Gäddan blev mitt öde” är det mamma jag är stolt över, inte farmor. Nu senast var mor på semester på Malta i sex veckor och skickade ett vykort med texten: ”Här är underbart. Jag saknar ingen av er!”

Det är moderskapets poesi.

En morgon i Beijing stiger jag upp väldigt tidigt och går till Folkets Park, den som ligger kring det gamla kejserliga templet. Solen har ännu inte gått upp, det är kyligt, hemskt att finnas till, och på hotellet såg de ut som frågetecken när jag bad om en kopp kaffe.

Jag gillar verkligen inte mornar.

Föregående kväll hade vi varit ute, och i gathörnen stod en massa tvärgamla kineser och dansade, en liten skraltig transistorradio och buggande pensionärer, det var väldigt roligt att se. Det har gått så långt i Beijing att ungdomar skriver ilskna insändare i tidningen om att de inte kan studera för att pensionärerna spelar sin musik så högt när de dansar i gathörnen.

Men denna tidiga morgon buggar ingen, däremot skyndar en tät ström av människor in mot parken i dunklet. Innan de går till sina arbeten möter människor den uppåtgående solen bland tempelområdets prång och stenhällar eller i parken runt omkring.

Man flyger drake, man utför gymnastik, några vågar till och med prova på den förbjudna sporten qigong. Man är välkommen att delta i vad man än önskar, och jag qigongar mig en stund för att vara politiskt korrekt, men inser snabbt att skall man utföra alla rörelser sådär långsamt så kommer jag att somna, så jag går vidare.

På tempelgården stannar jag och tittar på något som jag först inte förstår. En skrynklig liten kines, hur gammal som helst, står med en stor pensel som han doppar i vatten. Sedan ritar han vackra kinesiska tecken på stenläggningen, symboler målade i vatten. Jag frågar en åskådare bredvid mig vad det står i kalligrafin. ”Det är en dikt”, svarar mannen. ”Konstnären är en vattenpoet.”

Det tycker jag är vackert. Jag står länge och tittar. Dikten är säkert tio meter lång nu.

Det är troligen en vacker dikt, för nu står många och läser. Men vi kämpar alla mot tiden.

Den gryende morgonsolen slickar redan törstigt i sig de första tecknen av vatten, och vi som tittar vet att nu har vi bara en liten stund på oss, för snart har tecknen förångats och sedan kommer allt att se ut precis som det gjorde innan, som om ingen skrynklig vattenpoet någonsin har stått här och målat i vatten.

Nu är dikten färdig. Mannen bockar sig värdigt, får en liten applåd och går iväg med sin pensel. Folk skingras, dikten löser upp sig, och allt är som det var. Och ändå inte.

Någonting är lite vackrare.

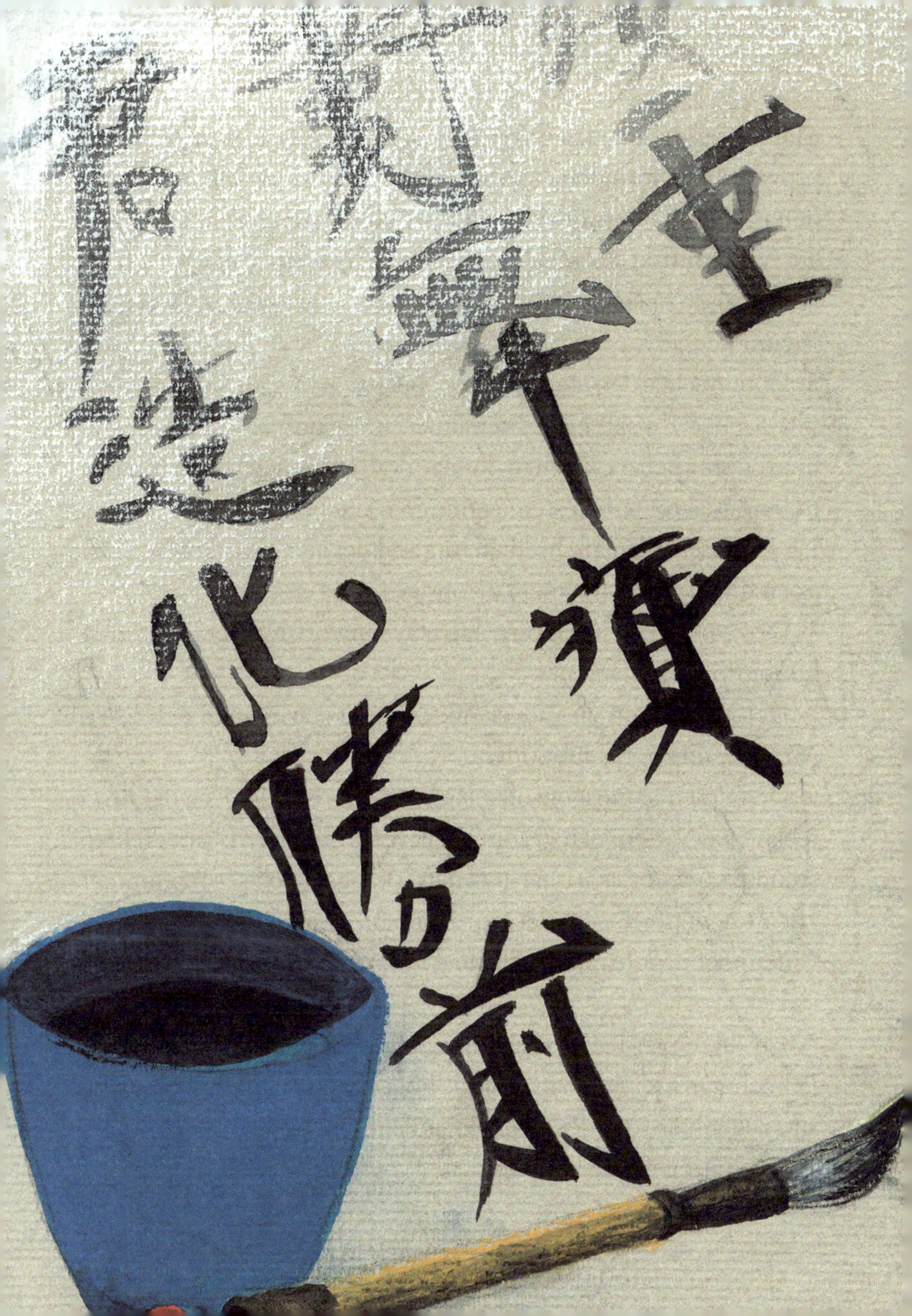

Denna dag bär på en dikt i vatten.

En tillfällig skönhet, en upplevelse enbart för dem som var här, just idag. All skönhet huggs inte i marmor eller granit, somligt är bara ett skimrande minne på en stenhäll.

Skuggorna söker sig nu ner under träden, morgonens trolska stämning skingras och ersätts av det växande ljudet från staden utanför.

Jag känner mig rätt omtumlad.

Alla kommer vi så småningom att blekna bort och förångas inför den eviga solen.

Men visst tror jag att stenarna kan bära på minnet av den tillfälliga skönheten.

Visst tror jag att ett poem skrivet i vatten kan glittra för evigt i mig.

Hälsohemmet där morfar vistas ligger vackert i en liten park. Stället drivs av den yppigaste samling sjuksystrar jag någonsin sett. Det måste vara de som sätter *barm* i barmhärtighet.

Om patienterna ramlar så faller de mjukt, och patienterna ramlar mycket gärna, i alla fall ramlingsbenägna äldre herrar som min morfar. Fast här är man inte *patient*, här är man gäst, är morfar mycket noga med att påpeka. Vi sitter i skuggan under ett träd och läppjar på någon hälsosam sörja som smakar som om man vridit ur skägget på en bergsget.

Morfar vinkar vänligt till en högbystad syster som ler bländande och får morfar att vilja ramla lite, förargligt nog sitter han ju redan.

”Morfar”, frågar jag, ”vem är det som driver det här hemmet? Hugh Hefner?” Morfar kluckar glatt och lutar sig bakåt i stolen. Det är skönt att se honom så glad. När mormor gick bort trodde vi inte att morfar skulle klara sig.

Vår släkt domineras av en massa starka kvinnor. Männen blir i historiens sken bifigurer, som möbler man flyttar runt så de inte ska stå i vägen. Min morfar var lite för lång för att vara lättmöblerad, men i övrigt tyckte han nog att det var rätt skönt. Istället för att vara den som bestämde var skåpet skulle stå, så fick han liksom vara skåpet.

I mitt stilla sinne undrar jag om han saknar mormor någon gång. Hon var en underbar kvinna, men lite, vad man förr kallade ”eljest”, lite excentrisk är väl ett artigt ord man kan använda idag.

Hon sparade alla de gallstenar som läkarna plockade ur hennes mycket dynamiska galla i en liten burk vid sängen, och när de spelade morgonpsalmen på radio satt hon på sängkanten och skakade takt med de där stenarna. Det var hennes sätt att kommunicera med Gud: ”Du gav mig gallstenar, jag gjorde en maracas.”

Jaja, tillbaka till parken. Morfar sitter och tittar på mig med sina gammelblå ögon. ”Jag tänker på mormor”, säger jag. ”Hon var speciell, hon skapade sin egen verklighet på något sätt.”

”Det är inte en dålig sak”, säger morfar. ”Du får komma ihåg att vi genomlevde kriget tillsammans. Det var svåra år, då var det bra att välja själv hur man ville uppleva saker. Fast den kvinnan kunde en sak som gör att jag alltid kommer att älska henne. Din mormor kunde glömma med ömhet.”

Jag ler. Glömma med ömhet. Det var fint.

Morfar nickar. ”Du ska veta, Markku lilla, att det inte är så att tiden läker alla sår, i alla fall inte om man fortsätter att peta i dem. När din mormor väl gråtit färdigt så lade hon saker bakom sig och glömde dem utan bitterhet. Så kunde hon alltid gå vidare och det gav kraft åt oss alla. Sådana som du, Markku, ni låter verkligheten komma mellan er och livet. Ni springer till terapeuter och psykologer så fort ni får ont i en axel. Ni skapar en hård och konstig värld där man inte kan drömma om ett tåg som åker in i en tunnel utan att rodna. Jag skulle vilja säga åt er att ta det lite lugnt, att försöka höja blicken över er egen horisont, men sådant kan man inte säga, för det är ingen som vill lyssna. Men om jag bara säger en sak, då kan du väl lyssna, Markku? Hör här:

Att glömma med ömhet, det draget kan du ärva efter din mormor.”

Jag nickar. Morfar naglar mig med blicken tills hans ord smultit in. Sedan ler han.

”Efter mig kan du ärva en aversion mot hälsodrinkar”, säger han och häller ut den vitaminrika sörjan i gräset.

”Men morfar, att glömma med ömhet, handlar det inte om förträngning?” frågar jag, aningen låst i min värld av tåg i tunnlar och fyrtorn som pekar snett uppåt.

Morfar skakar på huvudet. ”Nej, att förtränga är att glömma utan att lära sig. Med ömhet lär man sig, och sedan glömmer man.”

Återigen distraheras vi av en syster som studsar förbi. Med sin mjuka gom försöker morfar sig på en busvissling. Och jag bestämmer att det är något som jag ska försöka glömma.

Med ömhet.

För några år sedan doktorerade en kvinna på ämnet toalettstädning. Hon hade kommit fram till att om man skurade golvet och sedan reste sig så kunde man skada axeln mot handfatet.

Hon som städade vårt kontor, Irmeli från Finland, hon blev så arg. Hon skulle min själ också gå och kvittera ut en doktorshatt, för hon hade kommit fram till att om feta människor gick på toaletten blev det ofta ränder i toaskålen.

Och så var det, ungefär samtidigt, en man som blev doktor på fläskkotletter. Han stekte 3 000 kotletter och i ljuset av den vetenskapliga upplysningen visade det sig att kotletterna blir torra om man steker dem på för hög värme. Ja, menade vår städerska, åt han själv upp alla kotletterna så skulle han få vara det levande beviset för att hennes tes om ränder i toaskålen var oantastlig.

Men min favoritforskare är ändå en norrman.

Det sägs nämligen att katter har en förmåga att hitta hem. Till och med om de är långt borta hittar de alltid hem förr eller senare, så sägs det.

Och vår norska forskare gjorde ett experiment. Han tog tio kattungar, spred dem på ett avstånd på tio kilometer från sin bostad och väntade sedan på att de skulle komma tillbaka.

Inte en enda dök upp.

Inte en hittade hem igen.

Hela experimentet blev väldigt norskt på något sätt.

Någonstans i Norge lägger en forskare fram en rapport där det bevisas att det är lätt att tappa bort sig, och någon annanstans irrar tio katter runt och längtar hem.

Så är det. Det är mycket lätt att tappa bort sig, och så hittar man aldrig mera tillbaka. Nästan vart jag än går så träffar jag borttappade katter, katter som längtar hem. Många har redan sökt så länge att de har glömt vad de längtar efter, så de bara längtar.

Och vi säger mjau mjau till varandra och låtsas som om livet bjuder på strömming varje dag, men det blir nog många dagar med Konsums blå-vita för oss alla.

Jag har åtminstone hittat någon att vara borttappad tillsammans med, men många har inte det.

De sitter och jamar på samma ställe och det är det farligaste. Man måste vidare. Man måste fortsätta söka. Annars kommer meningslöshetens glupska hund och äter upp en.

Vidare vidare på ömma tassar, det är tillvarons villkor.

Och kanske frågar man sig någon gång om nio liv är en välsignelse eller en förbannelse, men det är inte vår sak att fråga, vår sak är att gå vidare.

När jag föddes sade mina föräldrar till min storebror: ”Titta, du fick en lillebror. Det var väl det du ville ha?”

Och han såg dem stint i ögonen och sade: ”Vad jag ville ha, det var en kanin.”

Jag tror aldrig min bror riktigt har förlåtit mig för att jag inte är hårig och äter morötter. Och visst händer det väl fortfarande att jag skuttar runt lite ibland och sticker ut framtänderna för att få honom på lite gott humör, men i stort är det nog dags att inse: Vad han vill, är inte vad jag är.

Vad han vill, är inte vad jag vill.

Ibland vill vi olika. Det är ingen fara. Och vi tar till olika argument för att få fram vår vilja: ”De flesta tycker nog som jag.”

Eller: ”Jag tycker såhär, för jag tänker på barnens bästa.”

Eller: ”Jag är säker på att det här är den avlidnes vilja.”

Eller: ”Jag drömde om en brinnande buske, och jag hörde en

röst som sa: 'Mark, ät en morot och skutten runt på dina bakben.'"

När vi vill få fram vår vilja är alla argument tillåtna. Men, lika tillåtet och framför allt nödvändigt, är det att säga: "Jag tycker inte på samma sätt. Jag tycker på ett annat sätt. Jag drömde också om en brinnande buske, och hörde en röst som sa: Ta dig i häcken."

Om två människor tycker olika och står och argumenterar, då rycker alltid en tredje part in och försöker medla. "Egentligen menar ni samma sak", säger hon, "ni bara uttrycker er olika."

Nej du, vi menar inte alls samma sak. Han vill att jag ska vara en kanin och jag vill att han ska ta sig i häcken. Det är två helt olika saker ju.

Att tycka olika är inte farligt. Farligt blir det först när han blir aggressiv och jag måste ge honom en spark med mitt kraftiga bakben.

Att någon tycker något annat än vad jag gör, det gör henne varken till en bättre människa eller en sämre människa än vad jag är, bara till en annan människa. En annan människa med andra erfarenheter som leder henne till en annan slutsats än min.

Och den dagen då jag vågar göra min åsikt lika viktig som en annans, utan aggressivitet men också utan undfallenhet, den dagen kan jag kalla mig en vuxen människa.

Någon klok människa har sagt att förmågan till en åsikt är det som skiljer en människa från en möbel. Nej, det är ingen klok människa som sagt så, det är bara jag, men det låter bättre om man tar en klok människa som ursäkt. Men sant är det i alla fall. Låter man andra trampa på en, då är man en matta. Och låter man andra köra över en, då är man en väg. Låter man många köra över en, då är man i och för sig en motorväg, och det är ju flott men inte riktigt värdigt.

En vuxen människa måste våga stå för sin åsikt, till och med de gånger hela världen tycker annorlunda.

Idag ska jag inte gå till gymet. I stället för att motionera min kropp ska jag motionera min åsikt.

Jag ska läsa morgontidningen och tänka såhär: Vad tycker just jag, och varför? Sedan bär jag med mig åsikten till jobbet, och på kaffepausen, när jag tar en cigarett i regnet i företagets nya rökruta, den som är inklämd mellan soptunnan och förvaringen av explosiva kemikalier, och jobbiga gnäll-Johansson börjar med sitt sedvanliga tugg om att allt var bättre förr, då ska jag säga: ”Nej, jag tycker inte det. Jag tyckte mig se i tidningen att mycket pekar på att allt går i rätt riktning nu.”

Och i den häpna tystnad som uppstår när Johansson står där med sin regnblöta fimp i mungipan, då skrattar jag och säger: ”Det är min åsikt. Jag räknas också. Vill du ha något att köra över i framtiden, prova Öresundsbron. Men nu måste jag gå in. Jag ska ringa ett samtal till min bror och berätta vad han kan göra med sin morot.”

Mina vänner bor i ett hus som har 1066 som portkod. Det är en dum portkod, den är svår att komma ihåg. Jag står där utanför och knappar in en massa siffror på måfå, det fungerar aldrig.

Så småningom kommer alltid någon som bor i huset gående. De tittar misstänksamt på mig, man riktigt ser att de tänker: ”Är han en taliban?” Men sedan slår de i sitt sinne fast att jag är någon slags kändis, och det är i och för sig nästan lika illa som en taliban men inte fullt lika farligt, så då brukar de hjälpa mig med portkoden.

Och … det slår aldrig fel. ”1066”, säger de. ”Slaget vid Hastings.” Och sedan ler de lite stolta, glada över att vara bevandrade i historien. *Alla* svenskar vet att slaget vid Hastings stod 1066. Vi som inte är födda här har ingen aning, det kan man antingen se som ett tecken på att alla vi som inte är födda i Sverige är lite dumma i huvudet och har gått i skolor som vida understiger de svenska skolorna. Eller också kan man se det som ett tecken på att slaget vid Hastings kanske inte var så viktigt. Kanske var det ett riktigt litet skitslag, jag vet inte för jag är ju inte född här. Men det märkliga är, att när man frågar någon av dessa 8 miljoner infödda svenskar om fler detaljer kring slaget vid Hastings, då slocknar det stolta leendet. ”Jag vet inte riktigt”, säger de. ”Kanske var det Vilhelm Erövraren … eller Viking Blåskägg?”

Min fröken i skolan var av den gamla stammen, hon var nog samtida med Vilhelm Erövraren ungefär. Hon var ungmö, inte längre ung men desto mera mö.

Nåväl, en sak sade hon som jag lagt på minnet. Hon sade, att här i skolan lär ni er om det ena och det andra, ditt och datt och rullstensås och Hallandsflod och ekorrskelett, *lite av varje*. Men sedan, ute i livet, försök istället lära er *mycket om det lilla*. Genom att tränga djupt in i ett begränsat område lär man sig livets mönster.

Det lilla bär på de stora sanningarna.

Så om ni svenskar tycker att det där slaget vid Hastings var så viktigt, lär er allt om det. Lär er att Vilhelm Erövraren kom seglande på ett skepp som hette Mora och som han fått i gåva av sin fru Matilda, lär er att en bidragande orsak till hans seger var att han anföll mitt i slakttiden, då ingen riktigt hann kriga eftersom den kalla vintern stod för dörren, lär er hur garvarens dotterson på juldagen kröntes till kung i Westminster Abbey.

Varje gång ni därefter slår in 1066 som portkod så kommer hela historien om uppgång och fall till er, om gamla riken och nya, om livets cykel som tar bort för att göra plats åt det som skall födas.

Och när ni lärt er allt om slaget vid Hastings, då har de redan hunnit byta portkod till 1453, och då var det visst något annat hopplöst fältslag vid Konstantinopel, och om ni går in för att lära er allt om det så kommer ni att märka att lärdomen blir densamma. Livet pumpar i varje fältslag i det förflutna, liksom i varje andetag i nuet. I kunskap och förståelse finns nycklarna till helhet och försoning. Om vi vill kan vi låta var portkod påminna oss om livets monumentala futtighet och grandiosa storslagenhet.

Och när ni sedan ser mig stå där vid porten och inte komma in, istället för att säga "1066 – slaget vid Hastings", kan ni slå fast:

"1066 – kom ihåg att du ska dö. Men innan dess är livet ett äventyr."

Någon gång reser jag på tjänsteresa, och om man då flyger mitt i veckan så får man åka businessklass.

Alla mina vänner åker turistklass, eller ekonomiklass som det heter. Då brukar jag försöka gå in i planet först av alla, och så tvingas de alla passera mig när jag sitter i mitt säte som är lite bredare än deras, och jag sitter där och ler mot dem och ser ut som om jag tycker att det är jätteroligt med fattiga människor. Men de vet, och jag vet, att man naturligtvis är en lite bättre människa om man flyger i businessklass.

På ett bolag jag flög med var det så att ifall man kraschlandade i oceanen så fick resenärerna i första klass en flytdräkt som höll en varm och torr, passagerarna i affärsklass fick en flytväst med visselpipa, medan resande i turistklass rekommenderades att använda sätet som flytkudde, och det är alldeles rätt åt dem.

Om Gud hade velat att fattiga människor skall flyga så skulle han ha gett dem ett reseförskott.

Nej, när man flyger i businessklass så drar de för en liten gardin så man slipper se på ekonomiklasseländet, och så kan man sitta där som en liten businessgrupp och säga: ”Hihi, här sitter vi smarta som betalar dubbelt så mycket för våra biljetter.”

Och man får mat och dryck och små roliga klädnypor som man kan ta med hem till familjen.

Det allra bästa är att man får poäng. Innan man landar så säger flygvärdinnan i högtalaren att alla som reser i businessklass får 2 000 poäng, eller också får man 4 000 poäng, eller till och med 5 000, det beror lite på hur långt man flyger och hur högt, och vilket humör flygvärdinnan är på och så, men hur som helst så är det mycket poäng man får.

De som flyger i turistklass, de får bara något enstaka poäng, och så får de sitta där och skämmas, och rätt är väl det.

Jag är inte riktigt säker på vad man kan göra med alla poäng, men jag måste ha en hel massa liggande någonstans på någon flygplats.

Om man har tillräckligt många poäng, så får man kanske bli kompis med flygvärdinnan, eller själv flyga ett plan på någon kortare rutt.

Men det är faktiskt ingen som någonsin har frågat hur många poäng jag har, det är ungefär som med skolbetyg, det verkar inte vara någon som riktigt bryr sig om dem när man väl lämnat skolan, fast fröken försäkrade att man skulle hamna i rännstenen om man inte fick bättre än en 3:a i tysk satslära. Men jag hamnade inte i rännstenen, jag hamnade i businessklass där jag vältrar mig i poäng.

Kanske är det så att när man står inför Gud och han frågar vad gott man har åstadkommit, då kan man ta fram sina poäng och säga att jag har flugit i businessklass, jag har 4 miljoner poäng och kvalificerar för att bli en turboängel.

Och jag skall flyga så fjädrarna ryker, och jag skall svepa förbi flygplanen och vinka till mina fattiga vänner som sitter i ekonomiklass, och så flyger jag försiktigt förbi businessklass så jag inte stör passagerarna mitt i fotmassagen, men längst framme i planet kastar jag en slängkyss till flygvärdinnan som blev min vän redan efter den första miljonen poäng och skickade julkort till mig varje år.

Och jag skall söka upp min fröken, hon sitter säkert på ett eget ensamt litet moln med sin uppstoppade ekorre, och jag skall säga att tysk satslära, det är bara scheisse det, och af vidersen nu, für diesen engel mit turbo-fart im die himmel gefaren, och mina poäng skall glittra som ett guldregn kring min klara panna och den himmelska kören skall stöta i basun och sjunga:

”Mark, pojken från businessklass!”

Med åren tycker jag allt mindre om speglar.

Vi har en i köket. På det sättet kan man se sig själv när man gör frukost tidigt på morgonen. Det är hemskt, man tappar helt aptiten. Så svullen och konstig. Jag som var ett så vackert barn… Då är det roligare att titta på köket.

Vi har gjort om vårt kök. Alldeles nytt, med snygga skåp och skinande blanka marmorskivor. Det vill säga, de var skinande blanka, tills vi skar citron på arbetsbänken. Då fick marmorn stora fläckar. Och i butiken sade de: ”Ja, men ni får väl skylla er själva om ni tänker skära citron i köket.” Det visade sig att just den här marmorn är världens känsligaste marmor från någon väldigt känslig liten grotta i Italien. Den är mycket vacker, men att göra mat i köket kommer inte på fråga i framtiden. Så där står jag, svullen och hungrig och klockan är ännu inte 7 på morgonen.

Och plötsligt blir jag så känslig för tiden, och tidens härjning. Om nu inte ens marmor är beständig, vad håller då för tidens tand? Mina kläder gör det inte, så mycket är alldeles klart. Jag har inte ett plagg som tål någonting överhuvudtaget. Frågar jag i butiken om denna skjorta kan tvättas i maskin, tittar personalen på mig med fasa och avsky, och jag hör dem tänka: Åk hem till Finland, ondsinta barbar. Nej, kläderna skall helst inte tvättas alls, men om man nu absolut måste, så kan man kanske spraya dem i en lösning av getmjölk från en tibetansk utrotningshotad bergstopp-tacka, eller möjligen gnugga dem rena i armhålan på en nunna.

Jaja. Jag ser på mig i spegeln. Det är som sagt inte så att jag själv heller är helt intakt. Vissa mornar ser jag i sanning ut som om jag skurit citron över ansiktet, och inte kommer det att hjälpa att gnida detta anlete i armhålan på en nunna heller, det skulle bara bli ett fasansfullt liv.

Men det här är mitt ansikte. Det är mitt liv som skapat djupen och håligheterna och den nötta skrovligheten. Det är alla mina korta dagar, och alla mina långa nätter. Och fortfarande har jag nyfikna ögon, och man får inte glömma madame de Sevigné som på 1600-talet skrev att hjärtat får aldrig rynkor.

Och när man tänker efter: Vad är det för fel på att bli äldre? Och vad är det som är så fint med att vara ung? Vem som helst kan vara vacker när man är 20. Sedan händer det saker, man förlorar lite fett under ögonen och blir lite hålig, man får någon rynka här och där – men vad gör det? Verklig skönhet, det är en mogen, vuxen människa som fortfarande strålar med ögonen, en som vågar prova nya saker, en som inte låter sig hindras bara

för att man förväntas uppföra sig si och så på grund av sin ålder. Det är dags för oss vuxna att våga vända oss till tonåringarna och säga: ”Du må vara slät som en barnrumpa i ansiktet, men jag har erfarenhet, jag har kunskap, jag har lust, och det smäller banne mig så mycket högre än att du är fet under ögonen.”

Min kropp må förfalla i takt med mitt kök, men i mig spirar min själ som livet gör vackrare och vackrare för varje år.

Jag ser mig i spegeln, och däri ser jag en stjärna. En strålande vuxen stjärna. Och jag skall gå ut i världen idag med högburet huvud. Jag skall skimra, jag skall stråla, och jag skall aldrig aldrig be om ursäkt för att jag har fått växa mig storslagen, så magnifik som bara tiden kan göra oss människor.

Min storebror var väldigt duktig på spökhistorier. Han kunde skrämma vettet ur oss där vi satt under en filt i vardagsrummet i radhuset bakom motorvägen.

Den värsta historien handlade om den flygande holländaren, skepparen Vanderdecken, han som trotsade Gud och påbörjade en seglats på långfredag. Som straff dömdes han till att osaligt segla runt på världshaven. Att trotsa Gud är inte tillrådligt, förklarade min storebror, för Gud drar sig inte för att stävja människans uppror med evighetsstraffen.

Nu seglar han där, holländaren.

Kring skeppet slår mörka lågor upp, kaptenens läppar är spruckna, hans ögon är röda, hans näsa är svavelblå av druvor från Kap, och hans själ är svart som natten.

Skulle vi inte ha varit så panikslaget upphetsade av skräck skulle vi kanske haft frågetecken kring att storebror plötsligt tyckte sig se spökskeppet ute i vår lilla trädgårdstäppa i detta radhusområde, långt från såväl de sju haven som något annat vatten, men nu fungerade hans lilla skrik ”oj, där är han visst” mycket effektfullt och puffade oss över den lilla gränsen till total vettlöshet.

Sedan gick storebror nöjd och lade sig, medan mamma försökte få oss att sluta skrika och pappa ilsket muttrande bläddrade i telefonkatalogen efter ett lämpligt barnhem.

Nu är det länge sedan jag var ett darrande barn. Nu är jag en skakande vuxen i stället. Och jag tycker fortfarande tanken på en straffande Gud är skrämmande.

Vill Gud verkligen straffa människor? Varför då?

Och vad är egentligen människans uppror mot Gud?

Jag kan inte tro att vi skall brinna så våra torra ben knastrar. Varför skulle Gud först skapa oss till sin avbild, sedan låta oss gå vilse och straffa oss genom att låta oss plågas i evigheter, allt medan han försäkrar oss om sin kärlek?

Jag tror att ett liv utan Gud är straff nog i sig. Man står väldigt ensam och svag när klockan är 4 på morgonen och frågorna dyker upp: ”Ja, men varför denna förvirrade seglats på meningslöshetens piskande hav?”

Men jag har kommit på en sak: När jag inte känner någon som helst kontakt med Gud, när jag tror att Han är helt borta, så har jag fel.

Han är nog där. Det är jag som är ute och seglar.

Jag märker att jag under livets gång söker mig längre bort från

Gud, och sedan kanske närmare och sedan långt bort igen.

Jag vet inte varför jag gör det.

Kanske vill jag själv försöka vara Gud ett tag, och så slutar det alltid med att också mina ögon är röda och min näsa blå av druvor från Kap.

Men kanske att mitt ständiga misslyckande småningom gör mitt hjärta ödmjukt och får mig att äntligen säga:

Okej – du får vara Gud.

Jag är bara en vilsen seglare.

Låt mig söka skydd i din hamn!

Öppna Din mantel och svep också min gistna båt in i Din rofyllda trygghet.

Avdelning 8 på Farsta långvårdssjukhus hade 54 patienter, många var dementa, andra var skvatt galna och en drös var bara väldigt gamla, trötta och sjuka. Avdelningsföreståndaren, syster Lissi, var drottning på avdelningen, under henne fanns sjuksystrarna som i regel hette Siv eller Lena, alla sjuksystrar var solariebruna och olyckligt gifta. De umgicks med varandra även privat, hade tjejkvällar där de drack rödvin, åt ostbricka och talade illa om sina män.

Syrrorna markerade gärna ett visst avstånd till undersköterskorna, eftersom de stod lägre i rang. Undersköterskorna hette Kicki eller Pippan, de drack öl hellre än rödvin och rökte Blend Ultra, cigaretter som var så svaga att de nästan var hälsosamma. Undersköterskorna markerade i sin tur avstånd till oss sjukvårdsbiträden. Vi hette Pirjo och Raymond och Carmen, alla var invandrare och vi hade ingen att hålla avstånd till, för under oss fanns ingenting. Det skulle vara städarna i så fall, men det var svårt att hålla avstånd till dem eftersom vi inte förstod språken de talade, och det är ju inte roligt att markera avstånd om de inte begriper vad vi håller på med.

En torsdag morgon blev jag kallad till syster Lissis kontor. ”Eftersom du är från Finland ska du få gå på kurs”, sade syster Lissi mycket tydligt, ”svenska för invandrare.”

Jag blev glad över att hon tänkt på mig och tackade så mycket, men kände mig ändå tvungen att tillägga att jag är finlandssvensk och att svenska är det enda språk jag behärskar. Min familj har haft svenska som modersmål sedan 1400-talet, och då blir det ju lätt så.

”Jaja”, sade syster Lissi irriterat, ”det må vara, men regler är regler.” Och så skickade hon mig på en kurs i svenska för invandrare.

Där fick jag sitta och säga ”bord” och ”glas” i grupp med andra invandrare. Jag var bäst i klassen och jag fick beröm varje gång. Och det kändes bra. Det är alltid roligt att vara duktig. Medan läraren tillrättavisade Sergei och berättade att det på svenska finns en nyansskillnad mellan orden ”hurra” och ”hora”, då kunde jag lite självbelåtet luta mig tillbaka och se överlägsen ut. Men naturligtvis fanns det längst inne i mig en känsla av att jag inte riktigt levde upp till min fulla kapacitet genom att gå en nybörjarkurs i mitt modersmål.

När jag nu genom åren ser tillbaka på detta invandrarbiträde i skolbänken tycker jag att jag får skylla mig själv. Jag var inget barn, skulle fylla 20 år. Nog visste jag redan då att det inte fanns någon som helst risk för att jag skulle överraska någon kvinnlig vän genom att stå och skrika ett fyrfaldigt ”hora” vid hennes sängkant på en bemärkelsedag.

Jag var ett litet vårdbiträde som höll på att bli ännu mindre, jag var en ful ankunge på väg att växa upp till en ful anka.

Och nog visste jag redan då det som blivit ännu klarare med åren:

När vi väl är vuxna är det vi själva som måste utmana oss i livet. Ingen annan kommer att ställa oss inför lämpliga utmaningar, för ingen annan känner oss lika väl eller bryr sig lika mycket om oss som vi själva.

Om vi bara gör sådant som vi vet att vi är bra på, till exempel att säga ”glas” och ”bord” i grupp, så kommer vi aldrig att växa i kunskap och erfarenhet.

Genom att aldrig våga ta språnget och stundtals landa med ett praktfullt magplask kommer vi aldrig att växa som människor.

Syster Lissi, om du läser det här:

Skicka inte folk på kurs i sådant de redan kan. Skicka dem istället på kurs där de får fundera över de här frågorna:

Vari ligger mina utmaningar i livet? Är de för högt ställda, så att jag inte orkar och ger upp?

Eller är de för lågt ställda, så att jag tvingas pressa ihop mig som människa och vara mycket mindre än jag kunde vara?

Eller ligger de på en lagom nivå, så att jag ständigt lär mig nya saker om mig själv och världen? Växer min hals?

Håller jag äntligen på att bli en svan?

När mamma blev riktigt trött på oss sade hon: ”Nu leker vi kurragömma. Gå och göm er små barn!” Och vi gjorde så, och satt i var sin garderob i mörkret och fnittrade för oss själva. Men inte kom mamma inte, och när vi efter någon halvtimme kom fram satt hon makligt i soffan och läste deckare. ”Jag sökte er”, sade hon halvhjärtat, ”men jag kunde inte hitta er.”

Inte var vi väl jobbigare än andra ungar, men vi var väldigt frågvisa och mycket nyfikna, och det var troligen det som tidvis drev de vuxna kring oss till nervfeber.

Vi ville veta allt.

När Kims mormor till exempel berättade att katten tycker om att dricka i toalettskålen eftersom vattnet där är så kallt, då undrade vi genast hur hon kunde veta det. Då blev hon så förnärmad att jag inte fick leka med Kim på en hel vecka, jag ansågs inte vara bra sällskap, trots att Kim nog var lika nyfiken som jag på mormoderns djupa bekantskap med toalettskålen.

Svar på frågor fick vi inte, medan vi stundom kunde få nycklar till dörrar vi inte anade existerade.

Som när fröken i biologin skulle förklara mysteriet med fortplantning. Hon var så generad, hon stammade och harklade sig och det enda hon fick ur sig var: ”Flickor, se till att ni håller på er! *Kom ihåg att han som får mjölken gratis, han köper inte kossan efteråt!*” Vi var åtta år gamla och förstod absolut ingenting. Enda effekten frökens lektion hade var att ingen av oss kan passera en mjölkdisk utan att bli upphetsad. Till all lycka fanns det flickor av ett modernare snitt i vår klass, som i stället för att hålla på sig lät oss killar hålla lite på dem, så åtminstone några av oss idag vet hur man gör barn.

Jag är glad över min nyfikenhet. Fortfarande ställs jag inför nya frågor dagen lång. Varför är det till exempel små lamm på mitt toalettpapper? Är tanken att jag ska få en ullig upplevelse eller är det någon lindrigt pervers pappersdesigner på Lilla Edet som får en kick av att så i grunden skända små lamm?

Och varför envisas de med att visa hur man fäster säkerhetsbältet på flygplanet inför varje start? Är det för möjligheten att det sitter en japan på planet som gömt sig i en bunker ända sedan krigsslutet för att överraskande dyka upp på Arlanda, fullständigt obekant med begreppet säkerhetsbälte?

Tro nu inte att allt handlar om toaletter och kränkta lamm. Även om jag under dagen försöker slå bort de alltför stora frågeställningarna så har jag nog mina gryningar då själadjupet kom-

mer på oväntat besök. I den nya dagens första gråa ljus dyker de undanträngda frågorna upp till ytan: Men vem är jag? Vart är jag på väg? Och vad är meningen med alltsammans?

Och även om fyra på morgonen är en väldigt dålig tid att grubbla på försöker jag välkomna alla frågor, stora som små.

För har vi inte frågorna så är vi inte öppna för svaren, och dem behöver vi om vi vill växa. Allt nytt vi får lära oss gör vår värld större, vi får ytterligare ett sammanhang att foga till de andra i vår evigt expanderande världsbild. Aldrig kan vi väl helt lösgöra oss från barndomens föreställningar om världen vi lever i, men kanske räcker vår nya kunskap till för att bygga en stege, så vi åtminstone kan slå ett hål i vårt kunskapstak och där ovanför ana en ny och ännu märkligare stjärnhimmel?

Vi har så mycket att vinna, men vi måste inse: Det är dags att sparka upp dörren och stiga ut ur garderoben.

Ingen kommer att leta efter oss.

Det är vår uppgift att leta.

I vår skola utsågs Tina Lax till lucia. Hon var blond, ljuv och sjöng bra. Hennes framgång var så stor att hon även nästa år blev lucia. Och året därpå.

Tina Lax var lucia hela vår skoltid inför en allt surare publik av lucia-wannabees. Vi andra fick statera, hade man sångröst och såg någorlunda from ut fick man vara stjärngosse eller tärna, och vi som inte kunde sjunga, eller var fula i största allmänhet, vi fick vara pepparkakor eller troll. ”Alla kan sjunga”, sade vår luttrade fröken medan hon pekade på platserna längst bak för mig och Tomas, ”bara man slipper lyssna på eländet!” Ett år lärde vi oss spela hela luciasången genom att göra ljud i vår armhåla, det året ställde fröken oss bakom en pelare.

Det gick så långt att vi med åren dystert brukade konstatera: ”Den 13 december firar vi Tina Lax.”

Nu är Tina Lax nästan 40, och det skulle inte alls förvåna mig om hon fortfarande är skolans lucia. Och runt om i Finland har terapeutsofforna fyllts av oförlösta lucior, de som aldrig fick visa att de också kunde vara ljusbärare eftersom de alltid knuffades så långt in i skuggorna.

(Inget ont om Tina Lax, hon är säkert en utmärkt människa. Jag har bara vaga minnen av att man aldrig såg henne i rökrutan, där vi troll stod och såg till att våra lungor blev mjukt pepparkaksfärgade. Hon finns inte heller med på min handskrivna papperslapp från 14-årsåldern där jag listade vilka flickor man fick ta på brösten. Hon är säkert ett rekorderligt fruntimmer än idag!)

I viss mån fick jag revansch när jag arbetade med långvård på Farsta sjukhus. Där lussade vi varje år och tågade in med lite stämning i de slitna lokalerna till de ännu mera slitna tanterna som var våra patienter. Vi skred från sal till sal och sjöng, och patienterna satte sig upp i sängen och ropade exalterat: ”Är det du, Herre Jesus?”

”Nej”, svarade vi, ”det är bara personalen. Jesus kommer nog snart. God Jul.”

Jag tror att vi blir vad vi tillåts få bli.

Tycker man att jag är fin nog att lussa, då blir jag lite ljusare. Tycker man att jag lämpar mig mest som troll är risken stor att de snart kommer få skåda ett troll från mörkaste trollhelvetet, och det är så onödigt.

Alla har vi mycket ljus att bära, men vi behöver någon som

pekar på just oss och säger: ”Jag tror att du skulle vara väldigt lämplig!”

Jag skall samla ihop min klass och gå tillbaka till vår skola. Och vi skall alla vara lucia, och sjunga högt och glatt, det får gärna vara falskt för är vår fröken inte död så är hon åtminstone döv vid det här laget. Och i publiken skall bara Tina Lax sitta, helt

ensam. När vi är färdiga skall hon få applådera länge med tårarna strömmande ned för kinderna, och hon skall förtjust utropa att det är det vackraste hon någonsin sett. Om hon gör det så lovar jag att aldrig mera stå i rökrutan och kalla henne för Tina Laxering.

Det är fint på Mariatorget på söndagar. Fontänen porlar, barn leker och Frälsningsarmén kommer tutande. De pekar på ett hus och säger: ”Se huset där. Förr var det förfallet och fult. Nu är det som nytt. Så blir det när Jesus kommer in i ditt liv.” Det tycker jag är en kul tanke, Gud som fasadrenoverare.

Sedan tutar de iväg på sin nyttiga och godhjärtade vandring genom ett Stockholm i behov av trygghet och tröst.

När de försvunnit vågar sig råttorna fram. De bor bakom kiosken. De är inte alls skygga. Häromdagen såg jag ett barn som pekade på en råtta och ropade ”titta, titta”, men hans mamma hann inte titta utan drog vidare med honom, en knapp meter från en stor fräsande brunråtta på bakbenen. Hon skulle ha fått slaganfall om hon sett vad barnet pekade på.

Jag lyfter blicken. Runt Maria Magdalenas spira kretsar fåglarna. Och jag minns vad pappas svåger brukade säga: ”Örnar flyger visserligen friare än råttor, men det är sällan en råtta blir indragen i en flygplansmotor." Sedan skrattade han sitt torra, försiktiga skratt.

Han var en så försiktig människa, fick inte mycket gjort. Det var om honom pappa brukade säga, att det vore bra om han skaffade sig en utbildning så att vi åtminstone skulle veta inom vilket yrke han var arbetslös. Och jag minns hur jag brukade tänka på pappas svåger, och undra hur han resonerade som barn? När slutade han drömma örndrömmar och fann sig tillrätta i ett gnagarliv bakom kiosken? När svek modet?

Jag hörde, att om en skalbagge vill lära sig flyga, så måste den våga sig längst ut på grässtrået. Risken den tar är att strået viker sig och att den dimper i backen och slår sig. Men om den inte vågar sig ut på det där strået så kommer den aldrig att få använda sina vingar.

Och hur mycket jag än tycker om Frälsningsarmén så tror jag att Guds mening med oss går djupare än en fasadrenovering, det kan plastkirurgerna ta hand om istället. Han utmanar oss. Jag har gett dig vingar, säger Han. Vågar du använda dem?

Det är inte lätt att vara en liten omtumlad skalbagge, trött på att gång efter annan dimpa i backen. Det är inte lätt för en människa heller att gång efter annan sträcka sig efter sin dröm men inte nå fram. Modet tryter, självkänslan vacklar, och lätt hänt är det att man bosätter sig där bakom kiosken och lever på gamla korvbitar och fräser åt allt det som är främmande.

Men… att orka lite till. Att försöka än en gång. Att kravla sig på rätt köl och börja sin vandring mot nästa grässtrå. Man är ju inte ensam. Runt omkring en dimper det skalbaggar till höger och vänster, för alla som vill något måste gå vägen genom otaliga misslyckanden. Thomas Alva Edison, som uppfann så gott som allt som finns att uppfinna och var så himla lyckad på alla sätt, han sade:

”Du frågar efter resultat min vän? Jag har massor av resultat. Vid det här laget vet jag tusentals saker som inte fungerar!”

En dag bär grässtrået. En dag lyfter skalbaggen. Och även om man inte kommer ända upp till Maria Magdalenas spira så kommer det att vara fint att kretsa över Mariatorget och titta ner över fontäner, över barnen, över kiosken och svagt höra de brustna tonerna från Frälsningsarméns guldskimrande tuba.

3:ans busslinje har fått ett nytt system. På en liten ljustavla på busshållplatsen står det hur länge det dröjer innan nästa buss kommer. 3 minuter. Efter ett par minuter står det 2 minuter. Sedan står det 3 minuter igen. Det stämmer aldrig, men det är trevligt att ha något att göra medan man väntar. Det finns också en gammaldags tidtabell, men över den har någon klistrat en ful lapp där det står att man skall vara redo, för nu kommer Gud.

Han kommer nog inte, han heller. Medan jag väntar på bussen, eller Gud, eller vem som nu kommer först, bläddrar jag i min bok, och hittar mellan sidorna ett gammalt fotografi.

Bilden är från en sommar i mitten av 70-talet, färgerna har redan börjat blekna lite. Det är från vårt sommarställe på Åland, det måste vara den sommaren pappa skulle lära oss att simma.

Han står på bryggan i en vinkel som framhäver den begynnande korpulensen. Eftersom pappa valt ett par minimala badbyxor som generöst bjuder på bar hud kan man studera tidens säckiga härjningar i pappas fysionomi, det enda som är muskulöst på honom är armarna. Sådana biceps får man bara om man med ihärdighet fortsätter att kasta sina barn i vattnet. Han säger att han vill lära oss simma. Jag hoppas det är hans ärliga avsikt, mellan kallsuparna kan de märkligaste tankar dyka upp.

Lite längre upp i bilden, där ängen möter stranden, sitter mamma på en låg stol. Hon har fött sitt fjärde barn året innan och inte riktigt kommit i bikiniform ännu. Hon vägrar ligga i vattenbrynet, hon är rädd för att djurskyddsaktivister skall komma och släpa ner henne i vattnet i ett desperat försök att rädda denna strandade val från en säker död på stranden. Vi skrattar och försäkrar henne att hon inte alls ser ut som en val. Mera som en säl, säger min lillebror sakligt. Han är så liten, han förstår sig ännu inte på kvinnor. Själv är jag nio och har full koll.

Morfar står i en av sina befängda solhattar bakom mamma. Han är arg på mig för att jag hävdar att jag är allergisk mot stekt lever. Morfar säger att ens tal skall vara sådant att sant är sant och lögn är lögn. Han säger också att strömming smakar bäst om man sväljer den hel, med huvud och allt, så man måste ta vad morfar säger med en nypa salt. Fast man säger inte emot morfar. Han är så gammal, så han måste alltid få ha rätt, vad han än säger. Om man ens försöker protestera så kan han dö på pin kiv.

Nu är allt så länge sedan.

Vad lycklig jag var den sommaren, tänker jag. Trots att jag nästan drunknade på grund av pappas simpedagogik. Trots att jag satt och petade i den där stekta levern i timmar. Men lycklig var jag, undrar om jag förstod det då?

Det är på något sätt lättare att se det nu, på håll.

Egentligen har jag så mycket att vara lycklig för nu också.

Men jag är så sällan i samtiden, antingen vilar tanken i det förflutna eller också oroar jag mig för den oåtkomliga framtiden.

Nu ska jag fundera en stund över varför mitt liv just nu är så bra. Jag ska försöka brinna lite stilla i nuet.

I väntan på 3:ans buss. Eller Gud, vilken som nu kommer först.

Tidigt på morgonen efter Allhelgona passerar jag Skogskyrkogården. På gravarna brinner fortfarande många ljus. Det är vackert i novembermorgonens gråa dunkel, fladdrande lågor som överlevt natten och dess mörka glömska: Ett fält av ljussken, en armé av minnen, en bro från de levande till de döda.

Vad många som är döda här på gravgården. Men också i mitt liv, så många: Anna och Erik och Birgitta, Calle, Janne, Lempi, Greg, Camilla, Anne-Marie. Tja, döda och döda. Att gå vidare, heter det. Men om de nu har gått vidare, så varför är de då kvar hos mig, allihopa?

Till och med min kropp bär på minnena.

Farmor som nöp mig i kinden. Just det avskydde jag. Farmor tog ett grepp om kinden med sina beniga fingrar och tittade noga på oss.

Och om hon tyckte att vi blivit vackrare sade hon:

”Du har vunnit lite.” Men om hon tyckte att vi blivit fulare brukade hon nypa oss bekymrat i kinden och säga: ”Du har tappat lite...”

Själv såg farmor ut som ett sviskon.

Ibland, goda dagar när hon var lite svullen, såg hon ut som ett

plommon, och då tyckte vi att hon vunnit lite, men ofta, framför allt på slutet, såg hon ut som ett russin, och då tyckte vi nog att hon hade tappat lite.

Hoppas någon har tänt ett ljus på hennes grav i mellersta Finland.

Fast farmor dog egentligen aldrig, hon bara upphörde att finnas till, och när vi alla var ense om att nu är det nog slut, så grävde vi ner henne.

Farmor var så gammal att ingen riktigt visste var det började, hon gick på som en kraftfull slagdänga alla sina dagar, en dänga med många många verser, men så smått blev melodin sprödare, och till slut kunde hon bara uppfattas som ett svagt daller, en liten svängning som av en fin liten klocka. Den klockan finns fortfarande i mig. När farmor inte längre orkar bära sig själv, då bär jag henne i mig.

Och inte bara henne, alla ni andra, ni finns där i mig som klockor, pinglande lätta minnen, andra med en dovare klang, några lätt disharmoniska, men alla spelar de sin stämma i förhållande till det evigt pulserande livet.

Så flätas de levande ihop med de döda, klockor klockor, de som har varit, de som är, och lyssnar jag noga kan jag i djupet skönja de pigga bjällrorna från dem som snart skall komma.

Jag lyfter blicken mot den ännu mörka morgonhimlen. De sista stjärnorna tindrar än.

Och jag vet inte om det är gravljusen som speglar sig i stjärnorna, eller om stjärnorna speglar sig i ljusen.

Men det känns tryggt.

Allt är bra.

Tack

Jag är en mycket långsam människa, och i någon mån tålamodsprövande för min omgivning. Jag skulle vilja tacka Sveriges Radios Birgitta Hylander, salig i åminnelse, för hennes leende sätt att tillrättavisa mig när hon tyckte jag slarvade med grammatik eller förberedelse, samt Catharina Vestin (salig även om hon inte är i åminnelse utan på sjätte våningen i Radiohuset) för vårt mångåriga samarbete med "Tankar för dagen". Inte en gång har hon visat något annat än vänlighet och inspiration när jag dykt upp tre kvart för sent med en halväten smörgås i ena handen och en betraktelse med fyra alternativa slut i den andra. Hennes stora kärlek till såväl radio som människor har nog räddat fler än mig från att gå rakt in i Klagomuren-väggen.

JUNI 2006

MARK LEVENGOOD